AF390992

LIONS

ET

RENARDS

COMÉDIE

Représentée pour la première fois, à Paris
sur le Théâtre-Français, par les comédiens ordinaires de l'Empereur
le 6 décembre 1869

MICHEL LÉVY FRÈRES, ÉDITEURS

ŒUVRES COMPLÈTES

DE

ÉMILE AUGIER

DE L'ACADÉMIE FRANÇAISE

GABRIELLE, comédie en cinq actes, en vers.
LA CIGUË, comédie en deux actes, en vers.
L'AVENTURIÈRE, comédie en quatre actes, en vers.
L'HOMME DE BIEN, comédie en trois actes, en vers.
L'HABIT VERT, proverbe en un acte, en prose.
LA CHASSE AU ROMAN, comédie en trois actes, en prose.
LE JOUEUR DE FLUTE, comédie en un acte, en vers.
SAPHO, opéra en trois actes.
DIANE, drame en cinq actes, en vers.
LES MÉPRISES DE L'AMOUR, comédie en cinq actes, en vers.
PHILIBERTE, comédie en trois actes, en vers.
LA PIERRE DE TOUCHE, comédie en cinq actes, en prose.
LE GENDRE DE M. POIRIER, comédie en quatre actes, en prose.
CEINTURE DORÉE, comédie en trois actes, en prose.
LE MARIAGE D'OLYMPE, comédie en trois actes, en prose.
LA JEUNESSE, comédie en cinq actes, en vers.
LES LIONNES PAUVRES, comédie en cinq actes, en prose.
UN BEAU MARIAGE, comédie en cinq actes, en prose.
LES EFFRONTÉS, comédie en cinq actes, en prose.
LE FILS DE GIBOYER, comédie en cinq actes, en prose.
MAÎTRE GUÉRIN, comédie en cinq actes, en prose.
LA CONTAGION, comédie en cinq actes, en prose.
PAUL FORESTIER, comédie en quatre actes, en vers.
LE POST-SCRIPTUM, comédie en un acte, en prose.

POÉSIES COMPLÈTES — Un volume.

PARIS. — J. CLAYE, IMPRIMEUR, 7, RUE SAINT-BENOIT. — [1864]

LIONS

ET

RENARDS

COMÉDIE
EN CINQ ACTES, EN PROSE

PAR

ÉMILE AUGIER
de l'Académie française

PARIS

MICHEL LÉVY FRÈRES, ÉDITEURS
RUE VIVIENNE, 2 BIS, ET BOULEVARD DES ITALIENS, 15
A LA LIBRAIRIE NOUVELLE

—

1870

PERSONNAGES

M. DE SAINTE-AGATHE	MM.	G ot.
PIERRE CHAMPLION [1].		Delaunay.
BARON D'ESTRIGAUD.		Bressant.
VICOMTE ADHÉMAR DE VALTRA- VERS.		Coquelin.
COMTE DE PRÉVENQUIÈRE. . . .		Thiron.
CATHERINE DE BIRAGUE.	Mmes	Favart.
OCTAVIE, comtesse de Prévenquière. .		Madeleine Brohan.
MADAME HÉLIER.		Jouassain.
SIMON, valet de chambre.	M.	Coquelin cadet.
MARIETTE, femme de chambre.	Mme	Tordeus.
Un Domestique.	M.	Tronchet.

La scène est à Paris, de nos jours.

1. Prononcez Chanlion.

Les théâtres se sont multipliés en province, et c'est entre eux une course de vitesse à qui jouera premier les pièces nouvelles — au grand détriment de l'exécution. Pour obvier à cet inconvénient, la représentation de *Lions et Renards* est interdite, dans les villes qui ont plus d'un théâtre, sans une autorisation spéciale de M. Roger, agent des auteurs dramatiques.

Les directeurs des théâtres allemands qui voudraient représenter la pièce doivent s'adresser à M. Obermayer (50, rue de l'Université), à qui l'auteur a cédé tous ses droits pour l'Allemagne.

E. A.

S'adresser, pour la mise en scène, à M. Chevalier, second régisseur au Théâtre-Français.

LIONS

ET

RENARDS

ACTE PREMIER

Un magnifique salon, style Louis XIII, chez mademoiselle de Birague. — Dans un pan coupé la statue d'argent d'Henri IV enfant. — Dans l'autre, en pendant, une armure du xve siècle. — Au fond, une cheminée monumentale dans laquelle est encastré un portrait en pied du chancelier de Birague ; portes de chaque côté de la cheminée, donnant dans un premier salon; portes latérales. — Au milieu, une table carrée ; à droite, un grand canapé accosté d'une petite table ; à gauche, deux petits canapés en équerre reliés par un guéridon.

SCÈNE PREMIÈRE.

MARIETTE, SIMON, époussetant les meubles.

SIMON, désignant le portrait.

Dites donc, mademoiselle Mariette, quel est ce paroissien en robe rouge?

MARIETTE, assise sur le canapé à droite, les bras croisés.

C'est un des ancêtres de mademoiselle, le chancelier de

1

Birague, en son vivant garde des sceaux du roi Charles IX, il
y a plus de cent ans. Vous voyez, monsieur Simon, que vous
n'êtes pas entré chez des gens d'hier.

SIMON.

Ça me change. — Et cet autre particulier dans sa coquille de
fer?...

MARIETTE.

Ça n'est personne. C'est une armure des anciens temps que
nous appelons *monsieur,* parce que mademoiselle dit quelquefois en plaisantant qu'il n'y aura jamais d'autre maître
dans la maison.

SIMON.

Et pourquoi ne veut-elle pas se marier? Ce ne sont pas
les épouseurs qui doivent lui manquer?

MARIETTE, se levant.

Je vous en réponds! Mais elle serait bien bonne enfant de
donner un maître à ses écus; car un mari, ce n'est que cela.

SIMON.

Il y a des fois... Mais, ordinairement, les demoiselles croient
que c'est autre chose.

MARIETTE.

Oui, mais il faut vous dire que mademoiselle n'a pas toujours été riche comme elle est. Je l'ai connue avec six mille
livres de rente pour toute fortune. Elle avait alors une simple
chambre dans l'appartement du comte de Prévenquière, son

tuteur, et personne ne songeait à l'épouser, quand tout à coup, l'an dernier, il lui arriva un héritage de neuf millions.

SIMON.

Excusez du peu! Ce n'est pas à moi qu'une pareille cheminée tomberait sur la tête!

MARIETTE.

Vous n'avez pas une tête à ça, mon cher; et puis votre arrière-grand-oncle n'aura probablement pas songé à émigrer dans les Indes orientales.

SIMON.

Est-ce que nous avons des arrière-grands-oncles, nous autres!

MARIETTE.

Comme le cher homme, dont on n'avait pas eu de nouvelles depuis la Révolution, est mort sans faire de testament, il s'est trouvé que mademoiselle était sa seule héritière. Pour lors, elle s'est dit, je suppose : « On ne voulait pas de moi quand j'étais pauvre, on ne m'aura pas maintenant que j'ai de quoi vivre... » Et elle a monté sa maison sur ce pied-là.

SIMON.

Elle a de la tête. J'aime ça. Il doit y avoir de fameux profits chez vous!

MARIETTE.

Pourquoi donc ?

SIMON.

Tiens ! les amoureux...

MARIETTE.

Mademoiselle est la sagesse même, mon cher. Cela vous étonne ?

SIMON.

Ça me change !... pas de mari et pas d'amoureux ? Il y avait de tout ça dans la maison d'où je sors. — Mais qu'est-ce que les gens de la société disent de cette manière de vivre ?

MARIETTE.

Que voulez-vous qu'on dise ? Il n'y a rien à dire.

SIMON.

Ce n'est pas une raison.

MARIETTE.

Excepté de se marier, mademoiselle a fait toutes les concessions possibles au qu'en dira-t-on. Elle continue à demeurer avec son tuteur : seulement, elle a acheté l'hôtel, elle s'est installée au rez-de-chaussée, et le comte de Prévenquière est devenu son locataire. Elle s'est donné une vieille dame de compagnie, madame Hélier, qui habite avec elle et la suit partout, dans le monde, au spectacle, en voyage...

SIMON.

Comme qui dirait une tante en location.

MARIETTE.

Une femme très-capable, mon cher, et de très-bonne famille,
à ce qu'il paraît : un de ses frères est évêque aux colonies...
pas celui qui vient ici.

SIMON.

Pas le bossu, je pense bien! Il y a un conseil de révision
pour l'Église comme pour l'armée... C'est égal, je vois qu'il
n'y a pas grand'chose à faire ici.

MARIETTE.

Il n'y a rien à *faire* du tout; mais vous n'y perdrez pas;
mademoiselle est très-généreuse.

SIMON.

Alors, le genre, chez vous, est d'aimer les maîtres?

MARIETTE.

Oui, mon cher; si ça ne vous va pas...

SIMON.

Oh! ça m'est égal... Ça me change! — Et le tuteur, le comte
de... de...?

MARIETTE.

De Prévenquière.

SIMON.

Faut-il aussi que je l'aime?

MARIETTE.

C'est inutile. Il n'a pas voix au chapitre... Toute la fortune est à sa femme.

SIMON.

Tiens! J'aurais cru le contraire. Pourquoi une si belle personne a-t-elle épousé ce petit chafouin ?

MARIETTE.

Pour être comtesse, donc! Elle avait eu pour premier mari un agent de change, M. Clampanin, qui l'a laissée veuve et riche. Riche, c'était bon, mais veuve Clampanin, ce n'était pas drôle! Elle est belle et fine, elle a tourné la tête au brave comte et s'est remariée sous le régime de la séparation de biens. Son titre ne lui coûte rien.

SIMON.

Pas bête! Je vais me mettre à l'aimer beaucoup.

MARIETTE.

Et surtout à la respecter, monsieur Simon! elle est fière...

SIMON.

Comme toutes les parvenues.

MARIETTE.

C'est monsieur qui est noble et c'est madame qui se croit née maintenant.

SIMON.

Et la première femme de chambre, faut-il que je la res-
pecte... ou que je l'aime ?

MARIETTE.

On vous dira ça plus tard, mon cher. — Madame Hélier !

SCÈNE II.

LES MÊMES, MADAME HÉLIER, puis CATHERINE.

MADAME HÉLIER, tricotant un bas violet.

Où est mademoiselle ?

MARIETTE.

Dans la serre, madame. (Simon sort.)

MADAME HÉLIER, s'asseyant près de la cheminée.

Comment est-il, ce garçon-là ?

MARIETTE.

Il paraît un peu moderne.

MADAME HÉLIER.

Il m'est pourtant recommandé par l'abbé Poirel. Nous aurons
l'œil sur lui. (A part.) Je ne veux ici que des gens à ma
dévotion.

CATHERINE, entrant avec des fleurs dans le pli de sa jupe.

Voici ma récolte, arrangeons nos bouquets... (Mariette sort.)

MADAME HÉLIER.

Vous ferez-vous une coiffure de fleurs naturelles, ce soir?

CATHERINE, arrangeant ses fleurs dans un vase
sur la table du milieu.

Pourquoi? Pour aller chez la duchesse? Ma foi, non. Je suis allée à son dernier mercredi, je me donne congé aujourd'hui.

MADAME HÉLIER.

Elle n'aime pas qu'on la néglige.

CATHERINE.

Tant pis! C'est trop ennuyeux.

MADAME HÉLIER.

Prenez garde, ma chère enfant! Madame de Morvan, par sa naissance, son âge et sa piété, exerce, vous le savez, une espèce de magistrature dans le monde. Vous avez plus besoin que personne de son haut patronage.

CATHERINE.

Elle est mon sauf-conduit, je ne l'ignore pas. Aussi me laissé-je docilement couvrir de son amitié insidieuse, me réservant d'en éviter les piéges...

MADAME HÉLIER.

Quels piéges, ma chère Catherine?

CATHERINE.

Ne les voyez-vous pas ? Elle ne m'emmaillotte de ses bontés que pour me donner un jour pieds et poings liés à quelqu'un de ses protégés en quête d'héritière. Il y a une petite conjuration ourdie dans le noble faubourg pour empêcher mes millions de passer à l'étranger, c'est-à-dire à un roturier quelconque ; car on me croit très-romanesque, si ce n'est un peu folle.

MADAME HÉLIER.

Pour romanesque, on ne se trompe peut-être pas beaucoup.

CATHERINE.

Je l'étais, mais je ne le suis plus. Je l'étais quand j'espérais qu'un pauvre gentilhomme jetterait les yeux sur moi et m'offrirait d'unir sa pauvreté à la mienne... Hélas ! j'atteignis ma majorité sans que cet Amadis se présentât. Je m'étais résignée à coiffer ma patronne, sans amertume, sinon sans tristesse, n'imputant mon abandon qu'à mon peu de charme ; mais, quand je me vis, le lendemain de mon héritage, assiégée par les quémandeurs de dot, oh ! alors, ma résignation devint de l'indignation ; je fus prise d'un invincible dégoût pour le mariage tel qu'il se pratique aujourd'hui ; et, puisque les hommes n'y cherchent que la protection d'une fortune, je me jurai que ma fortune ne protégerait jamais que moi, et qu'après moi, elle irait tout entière aux pauvres. Vous voyez que je suis plus misanthrope que romanesque.

MADAME HÉLIER.

Misanthrope, à votre âge !

CATHERINE.

Oh! je ne méprise que les civilisés. Je me plais à croire qu'on trouve encore quelque désintéressement parmi les barbares. Je suis parfois tentée d'y aller voir et d'imiter lady Stanhope, qui s'établit en Orient avec ses richesses et devint quasiment reine des Bédouins. Vous seriez mon premier ministre, ce n'est pas à dédaigner dans ces pays-là. Ah! l'Orient, où poussent en pleins champs toutes les fleurs que nous élevons ici en serre chaude! — Elle est jolie, cette branche de camellia. — Quand partons-nous?

MADAME HÉLIER.

Je n'aime pas ces plaisanteries-là.

CATHERINE.

Vous croyez que je plaisante?

MADAME HÉLIER.

On ne sait jamais avec vous. Votre tuteur vous a tellement farci la tête d'histoires de voyages, que vous seriez capable d'aller, comme lui, au bout du monde.

CATHERINE.

Il n'est jamais allé jusque-là. Ses pérégrinations les plus lointaines n'ont pas dépassé le Caire, et il y a longtemps.

MADAME HÉLIER.

J'aurais cru, à l'entendre, qu'il avait pénétré au fin fond de la Cafrerie.

CATHERINE.

Il y a pénétré, si vous voulez... par procuration. Depuis qu'il est de la Société de géographie, il s'intéresse si passionnément à toutes les explorations dangereuses, qu'il finit par se persuader qu'il en a fait partie. Il a suivi Barth, Speke et Livingstone. Il ne jurerait pas qu'il ait accompagné le capitaine Coòk, mais il est certainement le seul survivant de l'expédition de sir John Franklin. Aussi sa femme l'appelle-t-elle assez plaisamment le voyageur en chambre.

MADAME HÉLIER.

Elle a de l'esprit, madame de Prévenquière.

CATHERINE.

Pas toujours... Elle manque souvent de tact, madame veuve Clampanin.

MADAME HÉLIER.

Que voulez-vous ! la première éducation !

CATHERINE.

Ainsi, hier, à l'Opéra, elle m'a fait une balourdise !...

MADAME HÉLIER.

Comment cela ?

CATHERINE.

Figurez-vous que le baron d'Estrigaud...

SCÈNE III.

Les Mêmes, OCTAVIE.

OCTAVIE.

Bonjour, chère belle. — Bonjour, madame

CATHERINE.

Vous arrivez bien : j'allais dire du mal de vous.

OCTAVIE.

Que je ne vous dérange pas, continuez, je vous en prie.

CATHERINE.

Vous permettez?

OCTAVIE.

Voulez-vous que je vous aide? De quoi s'agit-il? (Elles s'asseyent sur les petits canapés en équerre.)

CATHERINE.

De votre héros.

OCTAVIE.

Ah! du baron! Quand donc lui pardonnerez-vous sa belle conduite?

CATHERINE.

Quand on ne lui en fera plus un piédestal, quand on ne le traitera plus d'homme antique pour avoir payé ses différences de bourse.

OCTAVIE.

Ce n'est déjà pas si moderne.

MADAME HÉLIER.

Mais quel est donc le fond de l'affaire ?

OCTAVIE.

Il est très-simple : il y a quatre ans, **M.** d'Estrigaud perd, sur un coup de bourse, huit cent mille francs qu'il ne peut payer...

CATHERINE.

Et qu'il laisse à la charge de son agent de change et ami M. Clampanin.

OCTAVIE.

Peu importe le nom. Il fait un plongeon de dix-huit mois ; on n'entend plus parler de lui, et Dieu sait les ridicules histoires qui courent sur son compte pendant cette absence ! Il commençait à être oublié, quand tout à coup il reparaît avec un héritage qu'il emploie jusqu'au dernier sou au payement de sa dette. Eh bien, je dis que c'est très-beau.

CATHERINE.

Avouez que vous seriez moins enthousiasmée si la restitution n'était pas tombée dans votre bourse.

OCTAVIE.

Ah ! ma chère, la question d'argent n'existe pas pour les gens de notre sorte. D'ailleurs, la conduite du baron a été fort

admirée dans le monde, et ceux qui l'avaient le plus décrié
ont été les premiers à lui faire amende honorable.

CATHERINE.

Parce qu'on le redoute... et on a bien raison.

OCTAVIE.

Lui? le meilleur des hommes!

CATHERINE.

Et le plus habile.

OCTAVIE.

Où voyez-vous cela?

CATHERINE.

D'abord, à la façon dont il conduit le siége de ma fortune.

OCTAVIE.

Je ne comprends pas.

CATHERINE.

Ne vous êtes-vous pas aperçue qu'il veut m'épouser?

OCTAVIE.

En voilà la première nouvelle.

CATHERINE.

Je n'ai pas besoin de vous dire que je n'y mets pas la
moindre fatuité, et que je n'attribue ses hommages qu'à mes
millions.

OCTAVIE.

Mais quels hommages? Je n'ai rien vu de pareil.

CATHERINE.

Ah! son entreprise est très-bien déguisée. Il m'affiche avec tant de respect, il me circonvient avec tant de réserve, qu'il est insaisissable. Autrement, j'aurais déjà coupé court à ses petites manœuvres.

OCTAVIE.

Je tombe des nues.

CATHERINE.

Tombez-en, mais à l'avenir ne lui prêtez plus la main comme vous l'avez fait hier... très-innocemment.

OCTAVIE.

En quoi donc ?

CATHERINE.

C'est ce que je racontais à madame Hélier quand vous êtes arrivée. (A madame Hélier.) Le baron, pendant un entr'acte, vient faire une visite à madame dans ma loge...

OCTAVIE.

Quoi de plus naturel ?

CATHERINE.

Rien. — Mon tuteur, qui a l'oreille un peu dure, se plaint qu'il entend mal de sa place.

OCTAVIE.

Le baron lui offre sa stalle, quoi de plus poli?

CATHERINE.

Rien. — Le comte accepte après quelques simagrées...
« A condition, monsieur d'Estrigaud, ajoute-t-il, que ces dames
voudront bien vous donner un asile. — Cela va sans dire, »
répond madame.

OCTAVIE.

C'est qu'en effet, rien ne semblait plus simple. D'ailleurs, le
baron n'a pas abusé longtemps de votre hospitalité.

CATHERINE.

Non, mais il l'a reçue; et, s'il se présente ici, comment
puis-je le trouver mauvais? Il me doit une visite. Il m'a
déjà envoyé ce matin un petit mot charmant avec un de ces
cadeaux qu'on ne peut refuser... le *livre d'heures* de Valen-
tine Balbiani, la femme du chancelier de Birague!... Où l'a-t-il
déniché? Je n'en sais rien; mais vous voyez comme la tranchée se rapproche!

OCTAVIE.

Je suis désolée, ma chère, mais pouvais-je me douter...?
Pourquoi ne m'avez-vous pas avertie plus tôt?

CATHERINE.

J'aime assez à me protéger moi-même.

OCTAVIE.

Ce qui me rassure, c'est qu'il ne vous épousera pas sans

votre consentement. (Se levant.) Est-ce tout le mal que vous aviez à dire de moi?

CATHERINE, se levant.

Pour le moment... Je n'ai pas vu mon tuteur aujourd'hui.

OCTAVIE.

Je crois bien! Il ne connaît plus personne! Séance extraordinaire à la Société de géographie! On leur présente je ne sais quel voyageur qui revient du fond des enfers... Mais je me sauve; je vais entendre le père Isidore, qui fait une conférence aux Missions. Il faut arriver de bonne heure pour être placée. Au revoir.

CATHERINE.

Bien du plaisir.

OCTAVIE, à madame Hélier.

Adieu, madame. (Elle sort.)

SCÈNE IV.

LES MÊMES, moins OCTAVIE.

CATHERINE.

A quoi songez-vous?

MADAME HÉLIER.

Je songe que la comtesse, avec son air innocent, est dans les intérêts du baron.

2

CATHERINE.

Entre nous, je ne suis pas éloignée de le croire.

MADAME HÉLIER.

Cet homme est bien dangereux, prenez garde.

CATHERINE.

Oui, mais il se déclarera un jour ou l'autre...

MADAME HÉLIER.

Quand vous serez cernée et qu'il ne vous restera plus qu'à vous rendre à première sommation.

CATHERINE.

Que faire? Il est insaisissable, je vous le répète.

MADAME HÉLIER.

Vous attendez sa visite... A votre place, j'éloignerais madame Hélier sous un prétexte, et, avec un peu de coquetterie, j'amènerais le madré gentilhomme à se déclarer sur-le-champ.

CATHERINE.

Il est trop fin pour ne pas voir le piége.

MADAME HÉLIER.

La finesse des hommes ne dépasse jamais leur fatuité.

CATHERINE.

Vous êtes profonde comme une forêt.

MADAME HÉLIER.

J'ai été femme et il m'en reste quelque chose. Vous répondez à sa déclaration par votre profession de foi sur le mariage, vous le priez de cesser des assiduités désormais offensantes, et, s'il les renouvelle, tant pis pour lui! vous êtes en position de lui faire une algarade publique.

CATHERINE.

Je vous obéirai de point en point, sage Hélier. Je présume que le baron viendra aujourd'hui même, et je vous promets qu'il tombera à mes genoux comme un simple collégien.

SIMON, annonçant.

M. de Sainte-Agathe.

SCÈNE V.

LES MÊMES, SAINTE-AGATHE, habit noir usé, cravate blanche, gants noirs; une épaule plus grosse que l'autre.

MADAME HÉLIER.

Mon frère!... Vous permettez?...

CATHERINE, derrière le guéridon, achevant d'arranger les fleurs.

Vous êtes chez vous, ma chère.

SAINTE-AGATHE entre en saluant.

Mademoiselle... Chère sœur! (Il embrasse madame Hélier au

_{front.}) Pardon, mademoiselle, ce sont les mœurs patriarcales de la province.

CATHERINE.

Savez-vous, mon cher monsieur de Sainte-Agathe, que pour un homme venu d'Avignon dans le seul but de voir sa sœur, vous ne l'accablez pas de visites?

SAINTE-AGATHE.

Hélas! mademoiselle, elle sait combien je suis occupé.

MADAME HÉLIER.

Toute la ville l'a chargé de ses commissions.

CATHERINE.

J'ai peur que votre principale occupation ne soit de surveiller votre élève.

SAINTE-AGATHE.

Que dites-vous là, mademoiselle! Dieu sait que le vicomte Adhémar n'a pas besoin de surveillance.

CATHERINE.

C'est bien mon avis. Il a plutôt besoin de s'émanciper un peu, mon petit cousin. Il me rappelle le comte d'Outreville. Vous êtes un précieux précepteur, monsieur de Sainte-Agathe! — Quel âge a-t-il?

SAINTE-AGATHE.

Il n'est pas loin de ses vingt-huit ans.

CATHERINE.

On ne les lui donnerait pas.

SAINTE-AGATHE.

Sa pureté le conserve. Vous comprenez, un jeune homme qui n'a jamais quitté sa mère...

CATHERINE, emportant le vase de fleurs.

Un jeune homme qui n'a jamais quitté sa mère, on ne l'envoie pas à Paris avec son précepteur. Au revoir, mon cher monsieur de Sainte-Agathe. (Sur la porte.) On le met pendant un an dans les zouaves. (Elle sort.)

SCÈNE VI.

SAINTE-AGATHE, MADAME HÉLIER.

SAINTE-AGATHE.

Il me semble que mon élève n'est pas très-bien dans les papiers de sa cousine.

MADAME HÉLIER.

Elle a horreur de ce qu'elle appelle les cafards.

SAINTE-AGATHE, assis près de la table du milieu.

Vous n'avez donc pas su lui faire comprendre que ce jeune homme timide et discipliné est justement le mari qui convient à une indépendante comme elle?

MADAME HÉLIER.

Renoncez à ce mariage-là, croyez-moi.

SAINTE-AGATHE.

C'est-à-dire que vous ne voulez pas nous servir?

MADAME HÉLIER.

Qui, *nous?* Pourquoi vous mettez-vous de la partie? Quel intérêt avez-vous là dedans?

SAINTE-AGATHE.

L'intérêt que je porte à Adhémar et à sa famille, tout simplement.

MADAME HÉLIER.

Tout simplement? Vous me croyez aussi trop simple, mon très-honoré frère. Vous n'avez aucune affection pour Adhémar ni pour personne, vous le savez bien, et moi aussi.

SAINTE-AGATHE.

Pour personne? Ingrate!

MADAME HÉLIER.

Taratata! Croyez-vous que je sois votre dupe? Vous m'avez placée ici parce qu'il vous fallait un instrument auprès de mademoiselle de Birague, voilà tout.

SAINTE-AGATHE.

Vous me faites beaucoup de peine, Herminie.

MADAME HÉLIER.

Et par quelle influence mystérieuse avez-vous pu me faire
entrer ici, je vous prie?

SAINTE-AGATHE.

Par quelle influence? mais vous le savez bien : par le direc-
teur de la comtesse de Prévenquière, qui est mon ancien ami.

MADAME HÉLIER.

Oui, l'abbé Poirel, de la Société de Jésus.

SAINTE AGATHE.

Eh bien?

MADAME HÉLIER.

Eh bien, je vous dis que vous êtes de robe courte, et qu'en
tout ceci vous obéissez à des ordres supérieurs.

SAINTE-AGATHE.

Qu'entendez-vous par robe courte?

MADAME HÉLIER.

Ce que tout le monde entend! les laïques comme vous,
affiliés comme vous... à ces messieurs.

SAINTE-AGATHE.

Décidément, il y en a donc encore? Vous le croyez?

MADAME HÉLIER.

Et vous?

SAINTE-AGATHE.

Dites tout de suite que je suis un Rodin.

MADAME HÉLIER.

Pas même. Rodin est ambitieux et vous ne pouvez pas l'être,
mon pauvre garçon. Je n'ai pas à vous apprendre pourquoi.

SAINTE-AGATHE.

Allez, j'ai bon dos. Mais, alors, à quoi me servirait cette
fameuse affiliation, je vous le demande?

MADAME HÉLIER, s'asseyant en face de lui.

Je vais vous le dire, mon cher Alphonse. Le point de départ
de chaque homme et souvent le point de mire de toute sa vie,
est une rivalité d'enfance. Votre rival à vous, c'est notre frère
l'évêque. Sa brillante destinée a toujours été à la fois votre
rêve et votre cauchemar. Mais autant il est beau, éloquent,
sympathique par sa droiture et sa bonté, autant vous... vous
n'êtes rien de tout cela. C'est pourquoi, n'étant pas organisé
comme lui pour marcher à ciel ouvert, vous vous êtes résigné
aux routes souterraines; tandis qu'Ambroise avait le faste du
pouvoir, vous en avez sourdement atteint la réalité; et ce fut
un beau jour pour vous quand votre taupinière le fit buter
dans sa route, qu'il fut obligé de compter avec vous et de
subir votre protection envieuse.

SAINTE-AGATHE.

En vérité, ma pauvre sœur, vous extravaguez. Je n'ai d'autre
ouvoir ici-bas que deux ou trois amitiés vénérables, et, si

leur influence a été pour quelque chose dans l'élévation d'Ambroise à l'épiscopat, je ne vois pas qu'il y ait là matière à m'accuser d'envie.

MADAME HÉLIER.

Je m'entends : vous l'avez obligé à accepter un siége aux colonies, quand il avait l'espoir d'en obtenir un en France. Votre protection l'éloignait en l'élevant, de sorte que vous avez le reflet de sa grandeur et vous n'en avez pas l'ombre... C'est tout profit. Voilà, entre autres choses, ce que vous a rapporté votre affiliation, puisque vous voulez le savoir.

SAINTE-AGATHE, se levant.

Je suis charmé d'apprendre qu'il y a l'étoffe d'un Machiavel dans un pauvre bonhomme comme moi. Mais, pour achever votre charitable roman, pourriez-vous me dire quel intérêt, selon vous, auraient ces messieurs à marier Adhémar avec mademoiselle de Birague?

MADAME HÉLIER, se levant.

Cela saute aux yeux : ils font d'une pierre deux coups; ils s'emparent de neuf millions en les plaçant entre les mains d'une créature à eux, et ils font de la propagande, ils rehaussent leur prestige en relevant une famille qui est notoirement à leur dévotion.

SAINTE-AGATHE.

La famille de Valtravers n'a pas déchu. Elle possède plus de soixante mille livres de rente en biens fonds!

MADAME HÉLIER.

Mais le comte actuel a huit enfants.

SAINTE-AGATHE.

Oui, une dévotion un peu étroite... — Enfin, Dieu bénit les nombreuses familles.

MADAME HÉLIER.

Mais il ne les enrichit pas.

SAINTE-AGATHE.

Vous avez toujours su compter.

MADAME HÉLIER.

La fortune du comte s'éparpillera après lui; c'est pourquoi ces messieurs...

SAINTE-AGATHE.

Bref, vous nous refusez votre concours?

MADAME HÉLIER.

Absolument. Je suis bien ici. J'y trouve des égards, de l'amitié...

SAINTE-AGATHE.

Et des confitures.

MADAME HÉLIER.

Je n'ai pas envie d'y introduire un maître, dont la présence rendrait la mienne superflue.

SAINTE-AGATHE.

Comme il vous plaira. J'avais fait un beau rêve pour vous!

Je m'étais dit : « Mademoiselle de Birague ne pourra pas la remercier sans lui assurer une pension honorable ; de son côté, mon élève lui devra une belle chandelle... » Je vous voyais déjà établie à Avignon avec dix mille livres de rente...

MADAME HÉLIER.

Dix mille?...

SAINTE-AGATHE.

Plus ou moins... dans une petite maison entre cour et jardin, dont mon noble ami n'a que faire, et dont il m'a cédé l'usufruit...

MADAME HÉLIER, se rapprochant de la table.

Où je finirais mes jours près de vous, Alphonse!

SAINTE-AGATHE.

Je n'osais pas vous en parler, de peur d'être encore accusé d'égoïsme.

MADAME HÉLIER.

Pardonnez-moi! Je suis une ingrate, asseyez-vous. (Ils se rasseyent tous deux de chaque côté de la table.) Vous avez raison : une femme fera tout ce qu'elle voudra d'Adhémar ; Catherine ne peut pas trouver de meilleur mari.

SAINTE-AGATHE.

Quand je vous le disais !

MADAME HÉLIER.

Mes instructions?

SAINTE-AGATHE.

Persuadez à Catherine d'accepter, au moins en apparence, la cour d'Adhémar, voilà tout.

MADAME HÉLIER.

Comment le lui persuader?

SAINTE-AGATHE.

C'est bien difficile! N'est-elle pas suffisamment agacée des poursuites du baron? Démontrez-lui qu'en écartant tous les prétendants, el'e crée au d'Estrigaud un monopole dangereux.

MADAME HÉLIER.

Il est bien habile!

SAINTE-AGATHE, se levant.

Trop, j'imagine... Le moment venu, je le mettrai dans ma poche, avec mon mouchoir par-dessus.

MADAME HÉLIER.

Méfiez-vous aussi de la comtesse de Prévenquière; je la crois dans les intérêts du baron.

SAINTE-AGATHE.

Soyez-en sûre. Mais, qui sait? cela ne durera peut-être pas. (Tirant sa montre.) Assez causé; j'ai rendez-vous avec l'abbé Poirel.

MADAME HÉLIER.

Alphonse!...

SAINTE-AGATHE.

Faites ce que je vous ai dit, et ne vous inquiétez pas du reste.

MADAME HÉLIER.

Vous ne m'embrassez pas ?

SAINTE-AGATHE, sur la porte et sans se retourner.

Il n'y a personne... (Il sort.)

SCÈNE VII.

MADAME HÉLIER, puis CATHERINE.

MADAME HÉLIER, s'asseyant près de la cheminée.

Il n'est pas tendre, mais... Pourvu, mon Dieu, que ce mariage réussisse!

CATHERINE, entrant.

Votre frère est parti ?

MADAME HÉLIER.

Il y a beau temps!... Je réfléchissais, à part moi, à votre situation à l'égard du baron. Ce qui lui fait la partie si belle, c'est votre obstination à repousser tous les autres prétendants... Vous lui créez un monopole. A votre place, je le noierais dans le flot.

CATHERINE.

Toujours profonde. — Merci bien; j'aime mieux votre première idée, et je m'y tiens. Je peux faire la coquette pendant une heure; mais, s'il fallait installer la diplomatie chez moi, j'en mourrais d'ennui.

MADAME HÉLIER.

Cependant...

CATHERINE.

Non, ce serait au-dessus de mes forces, j'aimerais presque autant me marier !

SIMON, annonçant.

M. le baron d'Estrigaud.

CATHERINE.

Voilà l'ennemi.

SCÈNE VIII.

LES MÊMES, LE BARON.

CATHERINE, sur le canapé à droite.

Bonjour, monsieur le baron, je vous attendais presque.

D'ESTRIGAUD, s'asseyant sur la chaise près de la table.

Je n'osais l'espérer, mademoiselle.

CATHERINE.

J'ai à vous remercier : votre envoi de ce matin m'a fait grand plaisir.

D'ESTRIGAUD.

Ce n'est qu'une restitution.

CATHERINE

Où avez-vous trouvé ce livre ?

D'ESTRIGAUD.

Il y a un Dieu pour les collectionneurs. Cette relique n'a de prix que pour vous; c'est pourquoi je me suis permis de vous l'offrir.

CATHERINE.

Ma bonne Hélier, Mariette a quelques ordres à vous demander.

MADAME HÉLIER.

J'y vais. (Elle sort.)

CATHERINE.

Une excellente femme, à qui je ne connais qu'un défaut: c'est de remplir trop religieusement ses fonctions de dame de compagnie. Jamais il ne lui vient à l'esprit qu'elle peut être de trop.

D'ESTRIGAUD.

C'est un tact si rare! Je viens précisément m'accuser de ne pas l'avoir eu hier soir.

CATHERINE.

Vous, monsieur le baron?

D'ESTRIGAUD.

Je ne me dissimule pas que je me suis un peu facilement établi dans votre loge. Mon excuse, c'est que la tentation était grande et que mon indiscrétion n'a pas été longue; mais, telle qu'elle est, j'en ai des remords, et je vous les apporte humblement.

CATHERINE.

Je les accepte sans marchander, puisqu'ils me valent votre visite. J'en reçois si peu!

D'ESTRIGAUD.

Je vous croyais très-entourée.

CATHERINE.

Je veux dire si peu d'agréables! On dirait que la race des hommes d'esprit s'en va.

D'ESTRIGAUD.

Quelle erreur! On n'en a jamais tant vu.

CATHERINE.

Présentez-m'en donc, car je n'en connais pas.

D'ESTRIGAUD.

Vous êtes sévère pour vos amis.

CATHERINE.

Puisque vous n'en êtes pas, que vous importe?

D'ESTRIGAUD.

J'en voudrais être.

CATHERINE.

Vous le regretteriez bientôt. Vous n'imaginez pas comme on s'ennuie chez moi;... moi toute la première!

D'ESTRIGAUD.

En vérité?

CATHERINE.

Mais je ne sais pas pourquoi je vous raconte mes petites misères. Aussi, pourquoi venez-vous un jour de pluie?

D'ESTRIGAUD.

Il fait un temps superbe.

CATHERINE.

En êtes-vous sûr? Où aurai-je pris qu'il pleuvait? Ah! j'y suis : j'ai essuyé coup sur coup trois visites si vénérables! Mais vous avez raison (Mettant son doigt sur son front.) : le baromètre remonte.

D'ESTRIGAUD, après un silence se levant et allant à elle.

Quelle étrange personne vous êtes !

CATHERINE.

C'est mon existence qui est étrange, ce n'est pas moi. — Ne pensez-vous pas que la vieillesse doit être classée parmi les maladies contagieuses? Il y a des jours où je crois avoir cent ans.

D'ESTRIGAUD.

Vous les avez, n'en doutez pas, puisque vous avez arrêté le mouvement de la vie autour de vous.

CATHERINE, se levant et traversant la scène.

Comment! rompre avec les banalités et les conventions,

3

est-ce rompre avec la vie? N'y a-t-il pas de milieu pour une jeune fille entre la servitude et la solitude?

D'ESTRIGAUD, la suivant.

Que voulez-vous! les préjugés se vengent quand on les brave.

CATHERINE.

Il y en a qui sont dans leur droit; mais celui-là, celui qui oblige une fille à se marier comme on tire à la conscription, qui la claquemure dans l'impossibilité de choisir tant qu'elle est libre et ne l'admet au discernement qu'une fois engagée pour toujours au premier venu; en connaissez-vous un plus stupide, plus féroce, plus méprisable? Et les gens de cœur ne devraient-ils pas tendre la main à la téméraire qui ose le battre en brèche?

D'ESTRIGAUD.

Soyez sûre que tous les gens de cœur ne demanderaient, en effet, qu'à vous tendre la main.

CATHERINE, s'asseyant sur le canapé en équerre.

Qui les en empêche?

D'ESTRIGAUD.

La crainte d'être confondus par vous avec la tourbe des admirateurs intéressés.

CATHERINE.

C'est donc qu'on me juge incapable de faire la différence?

D'ESTRIGAUD.

Non, certes;... mais il y a des caractères ombrageux chez

qui l'espoir est en raison inverse du désir, et qui souffriraient
plus de voir leurs sentiments mal interprétés que de les taire.

CATHERINE.

Eh bien, monsieur le baron, si vous connaissez quelqu'un qui
se tienne envers moi sur cette réserve chevaleresque, enga-
gez-le à s'en départir.

D'ESTRIGAUD, défiant.

Les cœurs fiers veulent qu'on les devine et qu'on aille au-
devant d'eux.

CATHERINE.

Même une femme?

D'ESTRIGAUD.

Oui, quand elle a votre fortune.

CATHERINE.

Vous avez raison. (Lui tendant la main.) Voilà.

D'ESTRIGAUD, lui prenant la main.

Oh! je vous aime.

CATHERINE.

Que dites-vous, monsieur? Il y a un étrange malentendu
entre nous! Je croyais parler de sympathie, d'amitié, rien de
plus.

D'ESTRIGAUD.

Et comment la sympathie s'arrêterait-elle avec vous à l'amitié? Vous prenez-vous pour une de ces âmes moyennes qui

inspirent des sentiments tempérés? Connaissez-vous mieux !
Ce dédain superbe du convenu, cette révolte contre le pré-
jugé, jusqu'à cette beauté fière qui semble moulée sur votre
bravoure, tout en vous est une répulsion, s'il n'est pas
une fascination. Il faut vous haïr ou vous adorer !

CATHERINE, railleuse.

Voilà une déclaration qui me désole, monsieur le baron ;
elle est trop catégorique pour laisser place désormais au
moindre commerce entre nous.

D'ESTRIGAUD.

Pourquoi cela ?

CATHERINE, passant à droite.

Tout simplement parce que je suis fermement résolue à ne
pas me marier.

D'ESTRIGAUD, à part.

Échec et mat!... Pas encore.

CATHERINE.

Vous m'avez comprise?

D'ESTRIGAUD.

Parfaitement; mais je doute que vous m'ayez compris vous-
même, car il y a entre nous, comme vous le disiez, un malentendu complet.

CATHERINE.

Et lequel ?

D'ESTRIGAUD.

Vous me refusez votre main ; je ne sais comment vous dire...
que je ne vous la demandais pas.

CATHERINE.

Comment ?

D'ESTRIGAUD.

J'ai la même horreur que vous pour le mariage.

CATHERINE, avec hauteur.

Qu'espérez-vous donc ? et pour qui me prenez-vous ?

D'ESTRIGAUD.

Pour une âme sœur de la mienne, ennemie des entraves
sociales et cherchant un moyen terme entre la solitude et la
servitude.

CATHERINE, indignée.

En un mot, vous prétendez être... ?

D'ESTRIGAUD, vivement.

Votre esclave, rien de plus ! Le seul bonheur que j'ambi-
tionne, c'est de vous appartenir, assez payé de mon dévoue-
ment par la permission de me dévouer.

CATHERINE.

Eh bien, monsieur, cette permission, je vous la refuse absolument, et je ne crains plus rien de vous. J'imaginais que
vous en vouliez à ma fortune ; c'est à mon honneur ? Tant
mieux ! cette insulte en plein visage vous met à ma merci...
Vous me ferez grâce désormais de vos assiduités dans le

monde, vous n'aurez plus l'air de me connaître ; à ces conditions, je vous garderai le secret.

D'ESTRIGAUD.

Mon secret n'est pas de ceux dont un homme ait à rougir,
mademoiselle, et vous pouvez l'ébruiter sans nuire au baron
d'Estrigaud. Quant à ce que vous appelez vos conditions et
ce que j'appelle, moi, vos ordres, je m'y soumettrai avec une
douloureuse satisfaction, comme à la seule preuve de dévoue-
ment que vous vouliez bien accepter de moi... Adieu, mademoiselle. (A part.) Échec à la reine ! (Il sort.)

SCÈNE IX.

CATHERINE, seule.

Insolent ! Les coureurs de dot soulèvent mon cœur de dégoût, mais celui-là le soulève de colère. Suis-je donc destinée
à me heurter toujours à la bassesse ou à l'insulte ? Suis-je une
proie que se disputent tour à tour la cupidité et la déprava-
tion ? Le monde est ignoble !... Je voudrais vivre dans un
désert !

SIMON, annonçant.

M. le vicomte de Valtravers.

CATHERINE, à part.

Que me veut encore celui-là ? (Elle s'assied sur le canapé à gauche.)

SCÈNE X.

CATHERINE, ADHÉMAR.

ADHÉMAR.

Bonjour, mademoiselle; comment vous êtes-vous portée depuis la dernière fois que... j'ai eu l'honneur de vous voir?

CATHERINE, sèchement.

Très-bien, monsieur, parfaitement. J'ai une santé admirable, ne vous en inquiétez jamais.

ADHÉMAR.

Est-ce que je vous dérange, mademoiselle?

CATHERINE.

Pas le moins du monde. Comment trouvez-vous Paris?

ADHÉMAR, s'asseyant sur la chaise près de la table.

Une merveille! Seulement, il y a tant de choses à voir, qu'on ne trouve pas un moment pour voir les personnes que...

CATHERINE.

Ne vous en excusez pas... Allez-vous beaucoup au théâtre? Pardon! J'oubliais... vos dévotions doivent vous prendre beaucoup de temps?

ADHÉMAR.

Beaucoup.

CATHERINE.

Vous êtes trop aimable de leur dérober pour moi des instants précieux. C'est l'heure de vêpres, je crois; je ne vous retiens pas.

ADHÉMAR, se levant.

Il serait plus simple, ma cousine, de me dire que je vous gêne.

CATHERINE, se levant.

Vous avez raison. Pardonnez-moi... je suis agacée... irritée.

ADHÉMAR.

Contre moi?

CATHERINE.

Pourquoi contre vous?

ADHÉMAR.

Vous en avez l'air... On dirait que M. de Sainte-Agathe a passé par là.

CATHERINE.

Il est venu, en effet.

ADHÉMAR.

Tout s'explique. Je vous prie de croire que je ne suis pour rien...

CATHERINE.

Mais, encore un coup, vous n'êtes pas en cause, monsieur; s'il faut tout vous dire, je suis nerveuse parce que je viens de mettre à la porte... un insolent.

ADHÉMAR, vivement.

On vous a insultée? qui?

CATHERINE.

Vous m'en demandez de trop.

ADHÉMAR.

Mais il me semble que cela me regarde un peu. Je suis ici le seul représentant de la famille; qui vous manque, nous manque à tous, et je ne souffrirai pas...

CATHERINE.

Calmez-vous, c'est un fournisseur...

ADHÉMAR.

Alors, ma petite rodomontade est assez ridicule.

CATHERINE.

Non pas... Elle m'a fait plaisir... Franchement, je ne m'y attendais pas.

ADHÉMAR.

Vous avez donc bien mauvaise opinion de moi?

CATHERINE.

J'en avais une assez médiocre, j'en conviens; mais je ne demande qu'à revenir.

ADHÉMAR.

Je vous en prie, car vous m'êtes très-sympathique, et je serais heureux de pousser avec vous la parenté jusqu'à l'amitié.

CATHERINE.

On ne le dirait guère à la rareté de vos visites.

ADHÉMAR.

J'ai peut-être une bonne raison pour ne pas venir plus souvent.

CATHERINE.

Je ne comprends pas.

ADHÉMAR.

Ce n'est pas clair, en effet. Au fait, pourquoi ne prendrais-je pas les devants sur M. de Sainte-Agathe? — Mademoiselle, j'ai l'honneur de vous demander votre main.

CATHERINE, tristement.

Vous aussi!

ADHÉMAR.

On ne m'a pas envoyé à Paris pour autre chose.

CATHERINE, assise près de la table.

Mais je ne veux pas me marier!

ADHÉMAR.

Soyez tranquille, moi non plus.

CATHERINE.

Pourquoi êtes-vous venu, alors?

ADHÉMAR, s'asseyant en face d'elle.

Je vais vous dire : je nourrissais une folle envie de voir Paris.

N'est-ce pas absurde, à vingt-cinq ans, de ne pas connaître la grand' ville?

CATHERINE.

Vous n'avez que vingt-cinq ans? On m'avait dit vingt-huit.

ADHÉMAR.

Pour les besoins de la cause. — Or, ce mariage était une chance unique et inespérée de me satisfaire, et j'ai dit amen à tout ce qu'on a voulu, sous réserve mentale de n'agir qu'à ma tête. Tiens! pourquoi m'ont-ils enseigné la réserve mentale!

CATHERINE, riant.

Vous la retournez contre vos maîtres!

ADHÉMAR.

Contre eux seuls, je vous prie de le croire.

CATHERINE.

Et vous abusez de la confiance de vos parents!

ADHÉMAR.

J'en abuse! Tant pis pour eux, c'est leur faute! Si vous saviez quelle vie de séminariste je menais là-bas! Traité en écolier, à mon âge! Les réunions dévotes! le boston le soir, avec de vieilles dames! Cinquante francs par mois pour mes bonnes œuvres... les seules d'ailleurs qu'une surveillance monastique me laissât la liberté d'accomplir!... Ce n'était pas gai, je vous assure. Aussi, quand je vis miroiter devant moi un voyage à Paris avec une somme rondelette à ma disposition, je me crus le maître du monde et je partis, me promettant de ne rien faire pour capter votre bienveillance; car, malgré tous les raisonnements de M. de Sainte-Agathe, je ne trouve pas propre d'épouser une femme pour son argent; c'est même cette pensée qui m'a empêché de devenir amoureux de vous... Pourquoi riez-vous?

CATHERINE.

Parce que je suis contente. Voilà enfin un homme de cœur. (Lui tendant les deux mains par-dessus la table.) Bonjour, cousin. C'est bien le même sang que nous avons dans les veines, ce bon sang qui ne peut mentir... Mais que dirait M. de Sainte-Agathe s'il découvrait que son élève est un brave garçon?

ADHÉMAR, debout.

J'en frémis. Il ferait son rapport à mon auguste famille, qui me rappellerait dare dare à Valtravers, ce château de la Vieille au bois dormant.

CATHERINE.

Et vous n'êtes pas pressé de quitter Paris?

ADHÉMAR.

Oh non! je m'amuse!!... comme je ne l'avais pas fait depuis vingt-cinq ans. J'avais quelques lettres de recommandation pour d'anciens amis de mon père. Ces messieurs ont des fils très-gentils qui se sont chargés de me *cornaquer* (un mot que je ne connaissais pas). Ils m'ont présenté à leur cercle (A part.) et ailleurs (Haut.), et je rattrape le temps perdu, je vous en réponds. Oh! non, je ne suis pas pressé de retourner là-bas! J'aurai même un petit service à vous demander... quand nous serons tout à fait bons amis.

CATHERINE.

Tout de suite, alors.

ADHÉMAR.

Vrai?

CATHERINE, s'asseyant à gauche.

Très-vrai, je vous écoute...

ADHÉMAR.

Eh bien, je flaire que M. de Sainte-Agathe ne tardera
pas à vous offrir ma main. Vous comprenez... je suis bien
obligé de lui laisser croire que je vous fais une cour assidue
et que je ne vous déplais pas. Si vous répondez non, c'est fait
de moi, on me rapatrie.

CATHERINE.

Je ne peux pourtant pas répondre oui.

ADHÉMAR.

Je crois bien! mais vous pourriez ne répondre ni oui ni
non : que c'est un engagement si sérieux, que vous voulez
étudier mon caractère, et patati et patata. — Qu'est-ce que cela
vous fait? Je ne suis pas gênant, et je gagnerais ainsi quinze
jours.

CATHERINE.

Pas plus?

ADHÉMAR.

Je n'en demande pas davantage pour exterminer mes
finances.

CATHERINE.

Votre père n'a donc pas bien fait les choses?

ADHÉMAR.

Pas mal ; mais, comme je les fais mieux encore, je calcule que, dans une quinzaine, vous pourrez me délivrer ma feuille de route.

CATHERINE.

Je ne peux pourtant pas vous aider à manger votre blé en herbe.

ADHÉMAR.

Bah! papa a du foin dans ses bottes. Il ne m'a donné que ses économies de deux ans. Voilà des écus bien étonnés de danser!

CATHERINE.

Mais vous allez vous brouiller avec votre père...

ADHÉMAR.

Eh bien, quoi? Il ne m'avantagera pas? D'abord, je n'aurais pas accepté. Je ne trouve pas propre non plus de dépouiller ses frères et sœurs.

CATHERINE.

Vous êtes décidément très-gentil, mon cher Adhémar.

ADHÉMAR.

Alors, vous consentez?

CATHERINE.

Je ne sais pas si je dois...

ADHÉMAR, suppliant.

Oh! ma cousine, ne me renvoyez pas! J'ai un bal déguisé dans huit jours et un costume... délicieux!

CATHERINE.

En quoi serez-vous donc?

ADHÉMAR.

En pieuvre!

CATHERINE, riant.

Alors, je n'ai plus rien à objecter.

ADHÉMAR, lui tendant la main.

Traité conclu?

CATHERINE.

Tôpe!

ADHÉMAR.

Maintenant, M. de Sainte-Agathe est rasé... Oh! pardon.

CATHERINE.

Encore un mot dont vous avez fait la connaissance?

ADHÉMAR.

J'en fais beaucoup de mauvaises.

CATHERINE.

Chut! autrement, je ne pourrais plus être votre complice.

ADHÉMAR.

Je n'ai rien dit... Merci, cousine, et à bientôt.

CATHERINE.

Vous vous sauvez déjà?

ADHÉMAR.

Je suis attendu... à vêpres! mais je reviendrai souvent, avec votre permission.

CATHERINE.

Et vous serez toujours le bienvenu. (Il sort. — Seule.) Cet écervelé m'a fait du bien. Il me raccommode un peu avec l'humanité.

ACTE DEUXIÈME

Le salon de madame de Prévenquière. — Porte au fond, portes latérales. — Au premier plan, à droite, une grande table ronde avec une
lampe allumée au milieu; à gauche, un canapé. — Au fond, à gauche,
une table de jeu ouverte; à droite, une petite table où le thé est servi.
Cheminée au premier plan à gauche.

SCÈNE PREMIÈRE.

PRÉVENQUIÈRE, OCTAVIE.

OCTAVIE, assise près de la table ronde, et travaillant
à une broderie.

Vous avez l'air d'une âme en peine, mon cher comte; qu'y
a-t-il?

PRÉVENQUIÈRE.

Absolument rien. Attendez-vous du monde ce soir?

OCTAVIE.

Comme à l'ordinaire, ni plus ni moins.

PRÉVENQUIÈRE.

Tant pis... ou plutòt tant mieux... Au fait, cela est indifférent. Je vous demande la permission de vous présenter quelqu'un... un homme du plus grand mérite.

                LIONS ET RENARDS.

OCTAVIE.

Merci, non.

PRÉVENQUIÈRE.

Vous ne savez pas qui c'est.

OCTAVIE.

Je n'ai que faire de le savoir. « Homme du plus grand mérite » dit tout. Si je n'y tenais la main, vous infesteriez mon
salon de pédants et vous mettriez en fuite les gens comme il
faut. J'ai eu assez de peine à les ramener chez vous pour ne
pas vous permettre de les chasser de chez moi.

PRÉVENQUIÈRE.

Mais il s'agit ici d'un homme que je voudrais produire dans
le monde, et je vous prie de le recevoir par exception.

OCTAVIE.

Non! cent fois non! ces exceptions-là ont bientôt fait de devenir la règle. Je ne vous ai pas épousé pour vivre avec des
géographes... Un me suffit. Assez de déceptions comme cela.

PRÉVENQUIÈRE.

C'est vous qui parlez de déceptions?

OCTAVIE.

Il serait piquant que ce fût vous.

PRÉVENQUIÈRE.

J'en aurais peut-être le droit, quand vous me dissimulez si
peu que vous n'avez épousé que mon titre.

OCTAVIE.

Si cela était, j'aurais bien réussi, vous en conviendrez! Vous n'avez pas même su m'imposer à votre monde.

PRÉVENQUIÈRE.

Quoi qu'il en soit, vous y êtes.

OCTAVIE.

Grâce à qui, sinon à moi-même? Et encore n'ai-je pas les lettres de grande naturalisation que délivre seule la duchesse de Morvan. Vous n'avez pas su m'ouvrir son salon.

PRÉVENQUIÈRE.

Mais, ventre-de-biche!... c'est vous qui me l'avez fermé! je ne m'en plains pas; mais résignez-vous comme moi.

OCTAVIE.

Oh! je me résigne d'autant mieux que cet auguste salon est, dit-on, le temple de l'ennui. C'est pour ne pas lui faire concurrence que je consigne vos savants à ma porte.

PRÉVENQUIÈRE.

Allons! je vais écrire à M. *de* Champlion qu'une affaire imprévue...

OCTAVIE.

De Champlion?

PRÉVENQUIÈRE.

Oui, le voyageur que je voulais vous présenter.

OCTAVIE.

Mon Dieu, pour cette fois, puisque vous l'avez invité... laissez-le venir. — Que pouvons-nous pour lui?

PRÉVENQUIÈRE.

Rien et tout : intéresser à lui les gens de notre monde, le présenter à quelques amis influents... Le baron d'Estrigaud viendra-t-il ce soir?

OCTAVIE.

Probablement.

PRÉVENQUIÈRE.

Au fait, je ne sais pas pourquoi je vous le demande!

OCTAVIE.

Vous n'ignorez pas quel aimant l'attire ici.

PRÉVENQUIÈRE.

Oui... Catherine, bien qu'il n'en ait pas l'air aussi amoureux que vous dites.

OCTAVIE.

Je ne dis pas qu'il l'aime uniquement pour ses beaux yeux. Il est à l'âge où l'amour se complète par l'ambition, où l'homme ne cherche plus seulement une compagne, mais un auxiliaire. Jusqu'ici, toute l'énergie du baron s'est dépensée en intrigues galantes; il lui faut désormais un aliment plus substantiel, un but plus sérieux.

PRÉVENQUIÈRE.

Un but sérieux à ce héros de boudoir?

OCTAVIE.

Quand on a appris à dominer les femmes, soyez sûr qu'on est de force à dominer les hommes. Appuyé sur la fortune de Catherine, le baron arrivera où il voudra... et il veut arriver à tout. Croyez-moi, c'est bien le mari qu'il faut à votre pupille, l'allié qu'il vous faut à vous-même.

PRÉVENQUIÈRE.

A moi?

OCTAVIE.

Sans doute! soyez donc ambitieux à votre tour... Si ce n'est pour vous, que ce soit pour moi.

PRÉVENQUIÈRE.

Que le baron réussisse auprès de Catherine, je ne m'y oppose point...

OCTAVIE.

Il ne suffit pas de ne pas vous y opposer, il faut y aider.

PRÉVENQUIÈRE.

De tout mon cœur... Vous savez si je désire qu'elle se marie. Mais, si je sers le baron auprès d'elle, vous servirez M. de Champlion auprès de lui?

OCTAVIE.

Bien volontiers.

PRÉVENQUIÈRE.

Merci.

UN DOMESTIQUE annonce.

M. de Sainte-Agathe.

OCTAVIE.

Tenez, si quelqu'un peut servir votre protégé...

PRÉVENQUIÈRE.

Bah!

SCÈNE II.

LES MÊMES, SAINTE-AGATHE.

SAINTE-AGATHE, à part.

Ensemble?... très-bien. (Haut.) Excusez-moi, madame, de ne pas avoir profité plus tôt de votre gracieuse autorisation ; c'est le temps et non le désir qui m'a manqué.

OCTAVIE.

Puisque vous voilà, monsieur, vous êtes tout excusé.

SAINTE-AGATHE.

Monsieur le comte, comment est votre santé?

PRÉVENQUIÈRE.

Florissante, monsieur, florissante. — Je suis charmé de vous voir : nous attendons ce soir un homme que je veux vous présenter.

SAINTE-AGATHE.

C'est que je ne comptais pas... je suis moi-même attendu

chez la duchesse de Morvan, qui m'a chargé d'une petite commission.

OCTAVIE.

Vous connaissez la duchesse de Morvan?

PRÉVENQUIÈRE.

Monsieur est bien heureux, n'est-ce pas?

SAINTE-AGATHE, à part.

Tiens! tiens! j'en prends note.

OCTAVIE.

Mais, en sortant de chez la duchesse...?

SAINTE-AGATHE.

Je vais à une conférence que fait un voyageur sur les mines d'or du Wadaï.

PRÉVENQUIÈRE.

M. de Champlion?

SAINTE-AGATHE.

Champlion, précisément.

PRÉVENQUIÈRE.

C'est lui que je veux vous présenter.

SAINTE-AGATHE.

Tout est pour le mieux, car j'aurai peut-être à lui parler,

PRÉVENQUIÈRE.

Alors, nous comptons sur vous?

SAINTE-AGATHE, *s'asseyant.*

Je vous remercie. — Je venais vous annoncer une bien heureuse nouvelle. Vous déplorez, j'en suis sûr, l'étrange obstination de mademoiselle de Birague à ne pas se marier?

PRÉVENQUIÈRE.

Je la déplore, en effet, monsieur; mais elle a sur ce point des idées si arrêtées...

SAINTE-AGATHE.

Moins que vous ne pensez... J'étais chargé par mon noble ami, le comte de Valtravers, d'une mission délicate.

PRÉVENQUIÈRE.

Vous, monsieur?

OCTAVIE.

Ah!

SAINTE-AGATHE.

Oui, il rêve une alliance entre son fils, mon élève, et sa cousine.

OCTAVIE.

Ah!

SAINTE-AGATHE.

Or, je quitte mademoiselle de Birague.

OCTAVIE.

Et elle consent?

SAINTE-AGATHE.

Pas positivement. Elle a d'abord beaucoup ri, j'ai insisté,

je lui ai fait entendre la voix de la raison, j'ai parlé avec
l'éloquence du cœur... En fin de compte, elle a demandé du
temps pour réfléchir, et je viens réclamer votre appui à tous
deux pour achever mon œuvre.

OCTAVIE.

A vous parler franchement, monsieur, nous avons, le comte
et moi, un autre candidat.

PRÉVENQUIÈRE.

Oui, le baron d'Estrigaud.

SAINTE-AGATHE.

Le baron d'Estrigaud? M. le comte ne parle pas sérieusement, je suppose?

OCTAVIE.

Pourquoi donc pas?

SAINTE-AGATHE.

Un homme usé! un homme de la seconde jeunesse! dont la
première a été si peu exemplaire!

OCTAVIE.

Ces hommes-là sont parfois les meilleurs maris.

SAINTE-AGATHE.

Qui a eu toute sa vie des liaisons scandaleuses!...

PRÉVENQUIÈRE.

C'est de l'histoire ancienne.

SAINTE-AGATHE.

Pas si ancienne. N'était-il pas en tiers, il n'y a pas long-temps, dans le ménage d'un agent de change ?

PRÉVENQUIÈRE.

D'un agent de change ?

SAINTE-AGATHE.

A ce que j'ai entendu dire. On faisait même cette plaisan-terie que, le baron étant spirituel et beau, le mari bête et laid, il était juste que ce dernier payât les différences.

PRÉVENQUIÈRE, inquiet.

Comment s'appelait cet agent de change?

SAINTE-AGATHE.

Je n'ai pas même demandé son nom! Je n'ai jamais été curieux de scandale. Je crois d'ailleurs qu'il est mort.

PRÉVENQUIÈRE, se levant.

Ah! il est mort? Et sa veuve s'est remariée?

SAINTE-AGATHE.

Je ne vous dirai pas... je n'écoutais que d'une oreille. Mais, pour peu que cela vous intéresse, je suis en mesure d'avoir les détails les plus précis.

PRÉVENQUIÈRE.

Oh! mon Dieu, non... je n'y tiens pas autrement.

SAINTE-AGATHE.

Ne fût-ce que pour édifier madame la comtesse sur les
mérites de son protégé.

OCTAVIE.

Ma protection n'est pas assez active pour que vous preniez
tant de peine.

SAINTE-AGATHE.

Pardonnez-moi, madame; mon élève et moi, nous y attachons
beaucoup de prix, et nous ferions tout au monde pour nous
l'assurer.

OCTAVIE.

Contentez-vous de ma neutralité.

SAINTE-AGATHE.

C'est déjà quelque chose, c'est assez pour le moment; mais
j'espère que je mériterai mieux. Je cours chez la duchesse de
Morvan, et je reviens achever la soirée auprès de vous, madame, puisque vous daignez le permettre. Monsieur le comte,
à tout à l'heure. (A part.) Débrouillez-vous, mes petits amis.
(Il sort.)

SCÈNE III.

PRÉVENQUIÈRE, OCTAVIE.

OCTAVIE, après un silence.

Croyez-vous que le vicomte puisse plaire à Catherine? Je
ne le pense pas, moi.

PRÉVENQUIÈRE.

Et moi, madame, je vous défends dorénavant de recevoir le baron.

OCTAVIE.

Pourquoi donc, mon ami ?

PRÉVENQUIÈRE

Vous osez me le demander, après ce que nous venons d'entendre ?

OCTAVIE, se levant.

Quoi ! monsieur, me feriez-vous l'injure... ?

PRÉVENQUIÈRE.

De me rendre à l'évidence ! oui, madame.

OCTAVIE.

Libre à vous... je ne descendrai pas à me justifier.

PRÉVENQUIÈRE.

C'est le mot de toutes les femmes coupables.

OCTAVIE.

Vous me faites pitié. Puisque vous voulez le savoir, sachez que j'adorais mon mari et que je n'ai jamais aimé que lui.

PRÉVENQUIÈRE.

Hein ?

OCTAVIE.

Vous ne vous en étonneriez pas si vous l'aviez connu. Il

était autrement spirituel, autrement beau que le baron! Et si
tendre, si...

PRÉVENQUIÈRE.

C'est bon, madame, c'est bon!

OCTAVIE.

Vous voulez que je me justifie... je n'ai pas d'autre justifi-
cation à vous donner, et elle m'est bien douce. Il y a si longtemps que je comprime mes souvenirs dans mon cœur. Pauvre
ami! si confiant, si loyal!

PRÉVENQUIÈRE.

En voilà assez.

OCTAVIE.

Et quel charme irrésistible! quels trésors de passion!

PRÉVENQUIÈRE.

S'il était si parfait, pourquoi le...?

OCTAVIE.

O mon Édouard, toi...

PRÉVENQUIÈRE.

Madame!... ayez au moins la pudeur de ne pas le tutoyer
devant moi.

OCTAVIE, changeant de ton.

Est-ce de lui que vous êtes jaloux ou du baron?

PRÉVENQUIÈRE.

De tous les deux!

OCTAVIE.

Il faudrait opter cependant.

PRÉVENQUIÈRE.

Je ne sais lequel je déteste le plus. Votre Édouard...

OCTAVIE.

Avouez que vous me pardonneriez maintenant de l'avoir...
outragé.

PRÉVENQUIÈRE.

Je ne dis pas cela.

OCTAVIE.

Mais vous avez bien envie de me croire un peu coupable
envers lui.

PRÉVENQUIÈRE.

Il n'y a pas de fumée sans feu, madame, et, à défaut d'autres
preuves, votre étrange obstination à recevoir le baron...

OCTAVIE.

Où prenez-vous que je m'obstine? Je suis prête à lui fermer
ma porte, si cela vous est aussi agréable que ce sera ridicule.

PRÉVENQUIÈRE.

Je vous en prie. Autrement, je me connais, je suis violent...
je lui ferais des impolitesses.

OCTAVIE.

Il serait bien étonné de votre jalousie.

PRÉVENQUIÈRE.

N'allez pas lui en parler.

OCTAVIE.

Vous avouez donc qu'elle est absurde ?

PRÉVENQUIÈRE.

Oui... si vous congédiez le baron.

OCTAVIE.

Qu'à cela ne tienne.

UN DOMESTIQUE, annonçant.

M. d'Estrigaud.

OCTAVIE.

Il vient à point nommé.

SCÈNE IV.

LES MÊMES; D'ESTRIGAUD.

D'ESTRIGAUD.

Chère comtesse... (Il baise la main d'Octavie.)

PRÉVENQUIÈRE, à part

Ces baise-mains perpétuels !

D'ESTRIGAUD, lui tendant la main.

Mon cher comte...

PRÉVENQUIÈRE, troublé.

Et vous-même?

OCTAVIE.

Je suis charmé, baron, que vous arriviez le premier. J'avais à vous parler.

PRÉVENQUIÈRE.

Suis-je de trop?

OCTAVIE.

Comme vous voudrez.

PRÉVENQUIÈRE.

Je sais ce que parler veut dire. — Mon cher baron, à tout à l'heure.

D'ESTRIGAUD.

La discrétion est la première vertu des maris.

PRÉVENQUIÈRE, avec un rire forcé.

A tout à l'heure. (Il sort.)

SCÈNE V.

D'ESTRIGAUD, OCTAVIE.

D'ESTRIGAUD.

Votre mari a quelque chose d'extraordinaire, chère comtesse.

OCTAVIE.

Ne lui a-t-on pas mis en tête que vous avez jadis été pour moi un ami... du premier degré?

Quelle calomnie! Vous avez nié?

Naturellement. Mais êtes-vous bien sûr qu'il ne vous soit jamais échappé une parole imprudente?

Jamais.

Pas même au *champagne?* Interrogez bien votre mémoire. Je ne vous en voudrais pas ; mais j'ai besoin de savoir à quoi m'en tenir là-dessus.

Je n'ai que faire de m'interroger, ces hâbleries-là étant absolument antipathiques à mon caractère et à mes principes. Je les ai toujours tenues pour façons de croquant.

Si vous n'avez pas parlé, et je n'en doute plus, mon secret est entre les mains d'un homme bien dangereux... Je n'ose pas me demander comment il l'a découvert!

Qui est-ce ?

Le vieux précepteur du petit vicomte Adhémar, que vous connaissez, je crois.

D'ESTRIGAUD.

Le petit vicomte Adhémar? On l'a présenté à mon cercle.

OCTAVIE.

M. de Sainte-Agathe est à Paris pour négocier le mariage de son élève avec Catherine.

D'ESTRIGAUD.

Ah! ah!

OCTAVIE.

Il a déjà mis mon mari contre vous à ce point que je suis chargée de vous fermer poliment ma porte.

D'ESTRIGAUD.

Et vous me la fermez?

OCTAVIE.

Jusqu'à nouvel ordre, du moins.

D'ESTRIGAUD.

Et vous passez à l'ennemi?

OCTAVIE, assise sur le canapé à gauche.

Non. Mais ce bonhomme me fait peur... il tient ma considération entre ses mains, et j'ai lu dans ses yeux qu'il ne reculerait devant rien pour réussir.

D'ESTRIGAUD, sèchement.

Si ce n'est que cela... moi non plus.

OCTAVIE.

Que voulez-vous dire? Vous me faites peur à votre tour.

D'ESTRIGAUD, reprenant le ton gracieux.

Peur? De quoi me croyez-vous donc capable? Ah! baronne!... Pardon, madame la comtesse, de vous donner un titre que vous avez dédaigné.

OCTAVIE.

Dédaigné? Me l'avez-vous offert?

D'ESTRIGAUD.

Vous m'auriez bien reçu! Quand la nouvelle de votre mariage m'est arrivée au fond de la solitude où je cachais mon désastre, je n'étais pas un parti présentable, je le reconnais. Et, lorsque mon nom est redevenu digne de vous, il était trop tard pour vous l'offrir... Vous étiez comtesse; autrement, soyez sûre...

OCTAVIE, souriant.

Faut-il que vous teniez à la main de Catherine!

D'ESTRIGAUD.

Ah! parbleu! vous auriez un moyen bien simple de m'y faire renoncer.

OCTAVIE.

Lequel?

D'ESTRIGAUD, s'asseyant près d'elle.

Ce serait de donner un peu raison à la jalousie du comte.

OCTAVIE.

Vous seriez bien attrapé si je vous prenais au mot.

D'ESTRIGAUD.

Essayez. Vous êtes la seule femme que j'aie vraiment aimée, la seule que je puisse aimer encore.

OCTAVIE.

Vous mentez peut-être moins que vous ne pensez.

D'ESTRIGAUD.

Faites-en l'épreuve. Je suis prêt à tout quitter pour vous... et avec vous.

OCTAVIE.

Même la France?

D'ESTRIGAUD.

Si vous voulez.

OCTAVIE.

Je n'en crois pas un mot, et pourtant cela me fait plaisir à entendre. Pourquoi?

D'ESTRIGAUD.

Parce que vous savez bien que, si vous acceptiez, je ne reculerais pas.

OCTAVIE.

Mais vous savez bien vous-même que je n'accepterai pas.

D'ESTRIGAUD.

Ma foi, je n'en suis pas sûr.

OCTAVIE, se levant.

Vous êtes un fat, mais votre fatuité me plaît. Vous êtes ar-
rivé à vos fins, mon cher Raoul.

D'ESTRIGAUD.

Auxquelles?

OCTAVIE.

Aux plus sérieuses.

D'ESTRIGAUD.

Eh bien, sur ma parole, je regrette les autres.

OCTAVIE.

C'est parce que je ne suis pas loin de le croire que je vous
servirai, quoi qu'il puisse m'en advenir.

D'ESTRIGAUD.

Il ne vous en adviendra rien de fâcheux. Ce que j'ai à vous
demander, c'est précisément ce que vous demanderait M. de
Sainte-Agathe lui-même. Dites à Catherine beaucoup de mal
de moi, vous m'entendez? et beaucoup de bien du petit
vicomte...

OCTAVIE.

Je vous entends. — Où en êtes-vous avec elle?

D'ESTRIGAUD.

J'ai remporté hier un avantage décisif. Elle ne peut plus
douter de mon désintéressement.

OCTAVIE.

Alors elle est à vous.

D'ESTRIGAUD.

Oh! pas encore! Elle m'exècre pour le moment. Figurez-vous qu'elle m'avait tendu un piége où j'étais tombé comme un écolier : je m'étais déclaré.

OCTAVIE.

C'est bien jeune.

D'ESTRIGAUD.

Je m'en suis tiré par un coup de maître : ma déclaration a fait prestement un demi-tour... à gauche, et j'ai laissé Catherine irritée, comme vous pouvez croire. Mais mon offense est de celles qui indignent les femmes sans leur déplaire, n'est-ce pas, comtesse? Et je serai déjà à demi pardonné, quand j'irai solliciter mon pardon.

OCTAVIE.

Catherine ne vous a donc pas interdit sa porte?

D'ESTRIGAUD.

Si fait, avec majesté.

OCTAVIE.

Alors, sous quel prétexte rentrerez-vous?

D'ESTRIGAUD.

Est-ce que la passion a besoin de prétexte! est-ce qu'elle compte avec les bienséances!

OCTAVIE, souriant.

Je n'y pensais plus. — Il doit se faire à l'heure qu'il est un travail étrange dans la tête de Catherine.

D'ESTRIGAUD.

A vous de diriger ce travail, ma chère amie. Je m'en rapporte à votre adresse féminine.

OCTAVIE.

Seulement, ne défaites pas mon ouvrage par vos imprudences masculines.

D'ESTRIGAUD.

Vous me croyez imprudent?

OCTAVIE.

Quelquefois. Comment, par exemple, avez-vous la maladresse, dans votre situation, de... d'alimenter une danseuse? Si Catherine l'apprenait!

D'ESTRIGAUD.

Eh bien?... Ne comprenez-vous pas que c'est mon brevet de jeunesse?

OCTAVIE, prenant un journal sur la table ronde.

Si encore mademoiselle Trois-Étoiles...

D'ESTRIGAUD.

Dites mademoiselle Rosa.

OCTAVIE.

Si encore mademoiselle Rosa ne vous trompait pas!

D'ESTRIGAUD.

Ah! vous avez déjà lu *le Moustique* de ce matin?

OCTAVIE.

Qu'avez-vous donc fait au chroniqueur?

D'ESTRIGAUD.

Rien.

OCTAVIE.

Eh bien, je vous engage à lui faire quelque chose.

D'ESTRIGAUD.

Pas à lui... mais au sire de Pontgrimaud, qui lui paye ses réclames en renseignements. Nous ne pouvons plus rien dire au cercle que *le Moustique* n'en soit aussitôt informé...

OCTAVIE.

Ainsi, l'anecdote est vraie? mademoiselle Rosa vous trompe?

D'ESTRIGAUD.

Je crois bien, pauvre petite! Ce qui m'ennuie, c'est de ne pas savoir avec qui.

OCTAVIE.

Voudriez-vous chercher querelle à votre rival?

D'ESTRIGAUD.

Pour qui me prenez-vous? Non; j'aime à connaître mes obligés, voilà tout. (La pendule sonne un coup.)

OCTAVIE.

Neuf heures et demie... Catherine ne peut tarder à monter Si vous ne tenez pas à vous rencontrer avec elle...

D'ESTRIGAUD.

Pas encore; c'est trop tôt. (Il prend son chapeau.) Préparez-la.

OCTAVIE.

Et vous, méfiez-vous de ce Sainte-Agathe.

D'ESTRIGAUD.

Je trouverai bien moyen d'avoir barres sur ce cuistre. Adieu, chère ennemie.

OCTAVIE.

A bientôt. (Il sort.)

SCÈNE VI.

OCTAVIE, puis PRÉVENQUIÈRE.

OCTAVIE.

Quel homme charmant! vicieux... comme une femme. Ah! je ne serais pas comtesse, en effet, si j'avais pu prévoir...—Allons! pas de regrets. Travaillons à son bonheur et à celui de Catherine, car elle sera bien heureuse.

PRÉVENQUIÈRE, entrant.

Je viens de le voir monter en voiture. Comment a-t-il avalé la pilule?

OCTAVIE.

Comme on avale toutes les pilules... en faisant la grimace.

PRÉVENQUIÈRE.

Vous ne m'avez pas mis en jeu, bien entendu?

OCTAVIE.

J'ai prétexté que Catherine ne pouvait plus se rencontrer avec lui.

PRÉVENQUIÈRE.

Et c'est la vérité, puisqu'elle a maintenant un fiancé! Je n'aurais jamais pensé à cela, moi.

SCÈNE VII.

LES MÊMES, CATHERINE, MADAME HÉLIER.

PRÉVENQUIÈRE.

Arrive, ma chère enfant... — Bonjour, madame Hélier, — et remercie la comtesse, qui t'a délivrée à jamais du sieur d'Estrigaud.

CATHERINE, à Octavie.

Comment m'en avez-vous délivrée?

OCTAVIE, s'asseyant près de la table ronde.

En lui annonçant que vous agréez la recherche d'Adhémar.

CATHERINE.

Ah! vous savez déjà...?

OCTAVIE.

Oui, nous avons vu M. de Sainte-Agathe. — Le baron est parti désespéré.

CATHERINE, s'asseyant près d'Octavie.

Désespéré? en vérité?

MADAME HÉLIER, qui a pris le journal sur la table
et le parcourt depuis quelques instants.

Ne vous inquiétez pas de ce désespoir; voici dans *le Moustique* une anecdote bien tranquillisante.

CATHERINE.

Voyons.

MADAME HÉLIER, lisant.

« Vous connaissez bien le baron? le magnifique, le triomphant, le seul, le dernier baron... »

PRÉVENQUIÈRE.

C'est bien lui!

MADAME HÉLIER, lisant.

« Cet éternel jeune homme qui paye si admirablement ses dettes... »

PRÉVENQUIÈRE.

Le signalement est complet!

MADAME HÉLIER.

« Vient d'en payer une dernière, qu'il croyait bien ne payer jamais, celle-là : au sort commun. Vous savez qu'il protége une danseuse... »

OCTAVIE, à Catherine.

Il a toujours vingt ans.

MADAME HÉLIER.

Attendez la fin. (Lisant.) « Il la rencontre dernièrement au lac, traînée par un attelage bizarre et superbe qui faisait sensation... un cheval d'ébène et un cheval de neige... »

CATHERINE, à Octavie.

Nous avons remarqué l'attelage, vous souvenez-vous ?

MADAME HÉLIER, lisant.

« Or, le baron n'avait offert que l'ébène ; d'où peut être tombée cette neige... sur son front ? Si vous le savez, dites-le-lui, vous lui rendrez service. »

PRÉVENQUIÈRE, allant à la table de jeu.

L'âge des camouflets arrive, mon camarade ! — Ah çà, madame Hélier, ma revanche.

LE DOMESTIQUE annonce.

M. le vicomte de Valtravers.

SCÈNE VIII.

Les Mêmes, ADHÉMAR.

OCTAVIE.

Soyez plus que jamais le bienvenu, vicomte.

ADHÉMAR.

Pourquoi plus que jamais, madame? Ah! pardon, je comprends... C'est à ma cousine que je dois ce redoublement de
courtoisie.

CATHERINE.

A moi-même, mon cousin. Mais n'en prenez pas trop d'a-
vantage.

ADHÉMAR, s'accoudant au dossier du fauteuil de Catherine.

Vous connaissez ma résignation. (Bas.) Renvoyez-moi de
bonne heure. J'ai un souper...

MADAME HÉLIER, à la table de jeu.

Je marque le bézigue.

OCTAVIE, à Prévenquière.

Dites donc, mon cher comte, M. de Champlion ne se presse
pas de se rendre à votre invitation?

PRÉVENQUIÈRE, à la table de jeu.

Il fait sa conférence.

OCTAVIE.

S'il ne vient pas, nous nous en consolerons, vous savez?

ADHÉMAR.

Qui est-ce?

OCTAVIE.

Un savant, que mon mari tient à nous servir.

ADHÉMAR.

Oh! les savants!

PRÉVENQUIÈRE.

Celui-là, mon cher Adhémar, ne porte pas de perruque ni de lunettes, et il a eu des aventures dont vous ne vous seriez pas tiré comme lui. C'est le premier Européen qui ait traversé le Wadaï. Savez-vous seulement où c'est?

ADHÉMAR.

Je vois cela d'ici.

OCTAVIE.

Montrez.

ADHÉMAR, du ton d'un écolier qui récite sa leçon.

Le Wadaï, capitale Wara, borné au nord par le Sahara ou grand Désert, à l'ouest par le lac Tchad et l'empire de Bornou, à l'est par le Darfour, et au sud... par je ne sais plus quoi.

PRÉVENQUIÈRE.

Au sud, par le royaume d'Adamova.

ADHÉMAR.

Capitale Mosfeia... Vous voyez qu'on n'est pas un âne.

PRÉVENQUIÈRE.

Très-bien, jeune homme, très-bien.

ADHÉMAR.

Voulez-vous maintenant que je vous récite la série des rois de France ?

CATHERINE.

Un autre jour.

PRÉVENQUIÈRE.

Eh bien, mon bon ami, figurez-vous que vous êtes prisonnier de guerre de ces peuplades féroces, et destiné à avoir la tête tranchée en grande pompe : que feriez-vous ?

ADHÉMAR, étourdiment.

Je regretterais bien d'être venu avec Gavet.

PRÉVENQUIÈRE.

Gavet ? Où prenez-vous Gavet ? Non ! Le compagnon de Champlion s'appelait Bartet.

ADHÉMAR.

Je brouille tous les noms.

PRÉVENQUIÈRE.

Jacques Bartet. Pauvre jeune homme ! Il est resté là-bas !

ADHÉMAR.

Avec la tête tranchée ?

PRÉVENQUIÈRE.

Non, il a pu fuir dans la déroute, tandis que Champlion, dont le cheval avait une jambe cassée d'un coup de mousquet, — quarante d'atout, — restait aux mains des vainqueurs.

OCTAVIE.

Quelle déroute? quels vainqueurs? quels mousquets? Vous avez une façon de raconter les choses à moitié, qui est insupportable. Si vous voulez faire votre récit de Théramène, faites-le franchement, et laissez là vos cartes.

MADAME HÉLIER.

J'allais marquer le cinq cents.

PRÉVENQUIÈRE, se levant.

Et moi le deux cent cinquante. — Eh bien, Champlion et Bartet étaient arrivés à Wara, au moment où le soudan du Wadaï préparait une expédition contre le Darfour. Il les invita à le suivre. On rencontra l'ennemi devant une rivière nommée la Keïlak : il y eut un combat acharné, où malheureusement les guerriers du Wadaï furent mis en complète déroute et où Champlion fut pris comme je vous l'ai dit. Est-ce clair?

OCTAVIE.

Très-clair. Mais que faisaient vos savants pendant la bataille?

PRÉVENQUIÈRE.

Je suppose qu'ils se battaient.

OCTAVIE.

Comme invités?

PRÉVENQUIÈRE.

Dame! il leur eût été difficile de faire respecter par ces sauvages leur caractère de simples curieux. Et puis ces savants-là,

ma chère, ont un côté militant qui devient vite militaire. Si
je vous racontais par quels prodiges d'audace et de sang-froid
Champlion a pu échapper à ses bourreaux...

OCTAVIE.

Allez, Théramène, allez !

PRÉVENQUIÈRE.

Non, moqueuse, je n'irai pas. Champlion vous racontera
cela, s'il veut. Sachez seulement que ce savant, de ses mains
savantes, a étranglé un grand diable de nègre qui lui disputait
le passage à coups de couteau.

ADHÉMAR.

Quelle poigne !

OCTAVIE.

Et il a pu rejoindre l'armée du Wadaï ?

PRÉVENQUIÈRE.

Non pas ; il s'est jeté dans une barque ; la Keïlak l'a porté
jusqu'au Nil, qui l'a ramené à Alexandrie.

OCTAVIE.

Eh bien, je suis assez curieuse de voir votre boucanier...
car ce monsieur n'est pas autre chose.

MADAME HÉLIER.

J'espère bien qu'il ne viendra pas. Un homme qui en a
étranglé un autre ! quelle horreur !

6

LE DOMESTIQUE, annonçant.

M. Pierre Champlion

PRÉVENQUIÈRE.

Enfin!

OCTAVIE, bas, à Prévenquière.

Champlion tout court? Vous êtes un traître.

SCÈNE IX.

LES MÊMES, CHAMPLION.

Madame Hélier se lève et se met à servir le thé.

PRÉVENQUIÈRE.

Nous commencions à désespérer de vous voir, monsieur.

MADAME HÉLIER, à part.

Comme il est jeune!

PRÉVENQUIÈRE.

Permettez-moi de vous présenter à ma femme.

OCTAVIE, le faisant asseoir près d'elle.

Mon mari était en train de nous raconter quelques-unes de vos aventures. C'est vous dire, monsieur, avec quelle impatience nous vous attendions.

CHAMPLION.

Pour interrompre la narration... J'espérais arriver plus tôt,

madame; mais je viens de faire une conférence, qui s'est prolongée plus que je ne pensais.

PRÉVENQUIÈRE.

Vous vous en êtes bien tiré?

CHAMPLION.

A peu près... grâce au verre d'eau sucrée qui me servait de
contenance quand je m'embrouillais... ce qui m'arrivait souvent. Mes auditeurs ont dû croire que je rapportais d'Afrique
une furieuse soif.

ADHÉMAR.

Vous ne devez pourtant pas être timide.

CHAMPLION.

Qui ne l'est pas un peu?

PRÉVENQUIÈRE, à Adhémar.

Je voudrais bien vous voir en face d'un auditoire, vous.

ADHÉMAR.

Oh! moi, ce serait bientôt fait... Je ne dirais pas un mot.

OCTAVIE, à Champlion.

Une tasse de thé, monsieur?

CHAMPLION.

Merci, madame; je crois que je ne boirai rien de quelques
jours.

OCTAVIE.

Vous avez dû retrouver Paris avec plaisir?

CHAMPLION.

Ah! quelle ville! Je ne l'appréciais pas avant mon voyage...
Tout m'y paraissait tout simple, et tout y est merveilleux,
tout me ravit!

PRÉVENQUIÈRE.

Comme c'est ça!

CHAMPLION.

Les rues, les lumières, les boutiques, les omnibus surtout!
Je n'en rencontre pas un que je n'aie envie d'y monter.

ADHÉMAR, prenant une tasse de thé.

Il n'y en a pour ainsi dire pas dans le Wadaï?

PRÉVENQUIÈRE.

Moi, à mon retour d'Égypte... je suis allé quinze fois de
suite au spectacle.

OCTAVIE.

Et vous, monsieur?

CHAMPLION.

Je n'ai guère le temps. Cependant, hier, je me suis accordé
une petite débauche, je suis allé à l'Opéra-Comique, où j'ai
passé une soirée enivrante.

ADHÉMAR.

Ah! mon Dieu! et que jouait-on?

CHAMPLION.

La Dame Blanche... Connaissez-vous rien de plus suave que la scène où Julien d'Avenel cherche à rassembler ses souvenirs ?

OCTAVIE.

C'est charmant ; mais enfin cela ne m'a jamais enivrée.

CHAMPLION.

Il y a si longtemps que je suis sevré de musique... Et puis celle-là m'a toujours singulièrement ému.

OCTAVIE.

Vraiment !

CHAMPLION.

Ma pauvre chère mère la chantait souvent quand j'étais petit. Que de fois cette mélodie m'est revenue au désert, évoquant la patrie absente et ses plus tendres souvenirs ! N'est-ce pas Musset qui a dit :

> Ah ! comme les vieux airs qu'on chantait à douze ans
> Frappent droit dans le cœur aux heures de souffrance ?

PRÉVENQUIÈRE, à madame Hélier, qui lui apporte
une tasse de thé.

Il est charmant !

MADAME HÉLIER.

Vous vous êtes moqué de nous, monsieur le comte... Il n'est pas possible que monsieur ait étranglé un homme.

CHAMPLION.

Hélas ! madame, son attitude m'obligeait à choisir entre lui et moi... J'avoue que je n'ai pas hésité. D'ailleurs, j'espère qu'il n'en est pas mort... Je l'ai lâché dès qu'il n'a plus remué.

OCTAVIE.

Quand vous êtes entré, nous demandions au comte les détails de votre évasion. Ne voulez-vous pas nous les raconter vous-même ?

CHAMPLION.

Grâce, madame ! Il m'a bien fallu les raconter à la Société de géographie en faisant l'historique de ma découverte ; mais, ici, je serais sans excuse.

OCTAVIE.

Notre curiosité n'en est-elle pas une ? — Je ne veux pas être indiscrète pour une première fois, mais je ne vous tiens pas quitte.

PRÉVENQUIÈRE, bas, à Octavie.

Eh bien, comment le trouvez-vous ?

OCTAVIE, sur le même ton.

Très-intéressant.

LE DOMESTIQUE, annonçant.

M. de Sainte-Agathe.

ADHÉMAR, à part.

M. de Sainte-Agathe ? Il faut se tenir.

PRÉVENQUIÈRE, à Champlion.

Un homme qui pourra vous être très-utile.

SCÈNE X.

LES MÊMES, SAINTE-AGATHE.

SAINTE-AGATHE.

Je n'arrive pas trop tard ?

PRÉVENQUIÈRE, lui présentant Champlion.

Plus tard cependant que M. Champlion.

OCTAVIE, souriant.

Vous serez resté plus longtemps que lui à sa conférence.

SAINTE-AGATHE.

Non, mais j'ai pris l'omnibus.

CHAMPLION, à Octavie.

Mon rêve !

PRÉVENQUIÈRE, présentant Sainte-Agathe à Champlion.

M. de Sainte-Agathe, un de nos bons amis.

CHAMPLION.

Très-enchanté, monsieur.

SAINTE-AGATHE.

Je viens de vous entendre, monsieur, avec une grande attention et un vif intérêt... Je pense comme vous qu'il y a quelque
chose à faire dans le Wadaï.

CHAMPLION.

N'est-ce pas ?

SAINTE-AGATHE.

Seulement, je crois que vous vous trompez sur les voies et moyens.

CHAMPLION.

En quel sens ?

SAINTE-AGATHE.

En ce sens que la France n'est pas un pays d'initiative individuelle, et que vous ne trouverez pas de souscripteurs.

PRÉVENQUIÈRE.

La Société de géographie s'est déjà inscrite pour dix mille francs en tête de la souscription, honneur qu'elle n'accorde pas facilement.

SAINTE-AGATHE.

Elle aura peu d'imitateurs, car ce qui l'intéresse est particulièrement indifférent au peuple le plus spirituel de la terre.

CHAMPLION.

Aussi n'est-ce pas là-dessus que je compte.

SAINTE-AGATHE.

J'entends bien, vous comptez sur la spéculation. La vôtre est magnifique, je n'en doute pas ; mais le public n'y apportera ses fonds que lorsqu'il verra des résultats acquis, n'en doutez pas non plus, quand vous aurez fondé un premier établissement, commencé l'exploitation, envoyé des pépites à Paris.

CHAMPLION.

Mais, alors, je n'aurai plus besoin de souscripteurs... C'est un cercle vicieux.

SAINTE-AGATHE.

Il y a peut-être un moyen.

MADAME HÉLIER, à Octavie.

Oh! si mon frère s'en mêle!

OCTAVIE.

Oui... il sait ce qu'il veut.

SAINTE-AGATHE.

Je connais des capitalistes très-sérieux et très-hardis qui consentiraient, je crois, à prendre l'affaire... en vous réservant la part que de juste.

CHAMPLION.

Des banquiers?

SAINTE-AGATHE.

Pas précisément... Des colons, si vous voulez.

ADHÉMAR, à part.

Un autre Paraguay.

PRÉVENQUIÈRE, à Champlion.

Que vous disais-je?

CHAMPLION.

Je ne demande pas mieux que de m'entendre avec ces messieurs. (Sainte-Agathe et Champlion s'asseyent sur des chaises; Prévenquière et Adhémar restent debout à côté d'eux.

MADAME HÉLIER, bas, à Octavie.

Ce n'est qu'un spéculateur.

OCTAVIE, même ton.

Voilà qui me le gâte.

CATHERINE, de même.

A moi aussi.

SAINTE-AGATHE, à Champlion.

Seulement, je dois vous prévenir que ces messieurs sont très-pratiques. Ils vous diront sans doute que vous n'avez pas besoin de quatre cent mille francs.

CHAMPLION.

Pour équiper, transporter, nourrir et solder deux cents hommes ?

PRÉVENQUIÈRE.

C'est à peine assez.

SAINTE-AGATHE.

Oui, mais avez-vous besoin de deux cents hommes?

CHAMPLION.

Si je n'en demande pas davantage, c'est que je compte sur la supériorité des armes nouvelles. J'aurai dix combats à livrer pour traverser le Wadaï.

PRÉVENQUIÈRE.

Au bas mot.

ADHÉMAR, à part.

Diantre!

SAINTE-AGATHE.

Pourquoi le traverser? Si je vous ai bien compris, les gisements aurifères sont situés sur la frontière orientale. Passez par l'Égypte... Vous n'aurez que faire d'une armée.

PRÉVENQUIÈRE.

C'est juste.

CHAMPLION, se levant.

Permettez, j'entends rester maître absolu de mon itinéraire.

PRÉVENQUIÈRE.

Pourtant, si on vous en propose un meilleur...

CHAMPLION.

Non, messieurs. Je vous conduis à une mine d'or, c'est bien le moins que vous me laissiez le choix du chemin.

SAINTE-AGATHE.

Mais quel intérêt avez-vous à prendre le plus difficile?

CHAMPLION.

Il faut que je repasse à Wara.

ADHÉMAR.

Qu'est-ce qui vous y rappelle?

OCTAVIE.

En effet?...

CHAMPLION.

J'y vais chercher M. Jacques Bartet, mon ami... et croyez
bien que, si je pouvais y aller seul avec la moindre chance de
succès, je serais déjà en route... sans plus me soucier des
mines d'or que si elles n'existaient pas.

OCTAVIE, à Catherine.

J'aime mieux ça.

SAINTE-AGATHE.

Ce sentiment vous honore, mais votre ami retrouverait bien
son chemin sans vous. N'est-il pas l'hôte du soudan?

CHAMPLION.

Eh! monsieur, l'hospitalité du soudan est une captivité!
C'est comme prisonniers qu'il nous a emmenés dans son expédition.

ADHÉMAR.

Vous allez faire là-bas ce que l'Angleterre a fait en Abys-
sinie?

CHAMPLION.

Oui, monsieur.

ADHÉMAR.

C'est admirable!

SAINTE-AGATHE, se levant.

J'admire l'Angleterre, mais vous comprenez que je retire
ma proposition; ces messieurs ne risqueraient pas leurs capi-
taux dans une entreprise dont ils n'auraient pas la direction.

CHAMPLION.

Eh bien, je continuerai mon appel au public; s'il ne me fournit pas deux cents hommes, je partirai avec cent, je partirai avec vingt, je partirai seul au besoin.

ADHÉMAR.

Vous aimez donc bien votre ami, monsieur?

CHAMPLION.

Si je l'aime! Ah! si vous saviez quel homme c'est! quelle intelligence! quel courage! quelle bonté! Brave Jacques! il me détournait de ce funeste voyage... Quand il me vit décidé : « Eh bien, partons, me dit-il. je ne te laisserai pas crever seul là-bas. »

MADAME HÉLIER.

Crever!...

CHAMPLION.

Pardon du mot, madame. Jacques a la parole tendre et rude, comme le cœur. — Et, en effet, il a veillé sur moi, comme un père sur son fils! Si je ne suis pas mort vingt fois pour une... Tenez, un trait entre mille!... Un jour, nous nous étions égarés; nous marchions depuis douze heures; la nuit tombait, cette nuit d'Afrique, peuplée de bêtes féroces... Tout à coup nous apercevons les feux de notre campement, mais il y avait encore une grande lieue à faire et nous étions exténués de fatigue, de faim et de soif. Il nous restait une gorgée d'eau-de-vie à laquelle nous n'osions faire allusion ni l'un ni l'autre... « Je ne peux pas aller plus loin », lui dis-je. Il me regarda avec une ineffable tendresse, détacha la gourde en silence, et, après une seconde d'hésitation, la vidant d'un trait : « Il n'y en avait pas pour deux, me dit-il, et tu n'es pas de force à me porter ! » — Voilà l'homme qu'on me demande d'abandonner !

ADHÉMAR.

Je souscris pour cinq cents francs !

PRÉVENQUIÈRE.

Je souscris pour mille.

OCTAVIE.

Moi aussi.

CHAMPLION.

Merci, merci !

SAINTE-AGATHE.

A merveille ! mais il vous en faut quatre cent mille.

MADAME HÉLIER.

Où les trouvera-t-il ?

OCTAVIE, à Champlion.

Où les trouverez-vous ?

SAINTE-AGATHE.

Je vous défie de les trouver.

CATHERINE, se levant.

Je ferai ce qui manquera.

ADHÉMAR.

Bravo !

CHAMPLION.

Quoi, madame!

SAINTE-AGATHE, à part.

Qu'est-ce qu'il lui prend?

CATHERINE.

Je suis assez riche pour cela, monsieur, et je ne saurais trouver un plus noble usage de ma fortune.

CHAMPLION.

Comment vous exprimer...?

CATHERINE.

J'espère pour l'honneur de mon pays qu'il ne me laissera pas grand'chose à faire. Il est tard, messieurs, au revoir! (Elle sort.)

MADAME HÉLIER la suit en marmottant

Quelle folle! quelle folle!

SCÈNE XI.

LES MÊMES, moins CATHERINE et MADAME HÉLIER.

CHAMPLION.

Qui est cette dame, monsieur le comte?

PRÉVENQUIÈRE.

C'est mademoiselle de Birague, ma pupille.

CHAMPLION.

Est-ce qu'elle était là quand je suis entré ?

OCTAVIE.

Vous ne l'aviez pas vue ?

CHAMPLION.

Non !... elle vient de m'apparaître comme une vision... Les illuminés doivent en avoir de pareilles.

SAINTE-AGATHE, à part.

De la poésie ? (Haut.) Elle a une des plus grandes fortunes et un des plus grands noms de France... Les Birague pourraient presque dire comme les Rohan : « Roi ne puis, duc ne daigne... »

CHAMPLION.

Merci, monsieur.

SAINTE-AGATHE, à part.

A votre service.

ADHÉMAR.

Voulez-vous être mon ami, monsieur ? (Il lui tend la main.)

CHAMPLION.

De tout mon cœur.

SAINTE-AGATHE, à part.

A l'autre, maintenant !

ADHÉMAR, le prenant sous le bras.

Eh bien, venez avec moi ce soir; j'ai des amis qui vous feront de la propagande.

CHAMPLION, à Prévenquière.

Je vous dois, monsieur, le plus grand bonheur de ma vie. Je ne l'oublierai pas. — Adieu, madame. (Il sort avec Adhémar.)

SCÈNE XII.

PRÉVENQUIÈRE, SAINTE-AGATHE, OCTAVIE.

PRÉVENQUIÈRE, se frottant les mains.

Voilà une bonne soirée.

SAINTE-AGATHE.

Qui coûtera peut-être cher au vicomte.

OCTAVIE, à part.

Ou au baron.

PRÉVENQUIÈRE.

Bah! quand elle lui coûterait deux ou trois cent mille francs...

SAINTE-AGATHE.

Il n'y a qu'une ressource, c'est de nous atteler tous à cette souscription.

PRÉVENQUIÈRE.

Oui, tous!

OCTAVIE.

Pour amortir la perte.

SAINTE-AGATHE, à part.

Et pour expédier au plus vite ce joli cœur.

PRÉVENQUIÈRE, lui serrant les mains.

Je lui cherchais un protecteur...

SAINTE-AGATHE.

Vous l'avez trouvé. (Il sort.)

ACTE TROISIÈME

Chez Catherine, même décor qu'au premier acte. — Une carte d'Afrique
et des livres brochés sur la table du milieu.

SCÈNE PREMIÈRE.

MADAME HÉLIER, assise et tricotant près de la cheminée; puis
CATHERINE.

CATHERINE.

Grande nouvelle là-haut! Octavie a reçu une invitation de
la duchesse!

MADAME HÉLIER.

Enfin! et c'est pour vous l'apprendre qu'elle vous faisait
appeler?

CATHERINE.

Oui... et pour me consulter sur l'opportunité d'une visite
préalable. Elle m'a donné une vraie comédie avec les petites
tartufferies de sa joie : « Je ne veux pas faire de raideur avec
la duchesse... Je ne veux pourtant pas non plus me jeter à sa

tête ou plutôt à ses pieds! Qu'en pensez-vous? » Moi, je lui ai conseillé gentiment ce qu'elle désirait, c'est-à-dire de courir chez madame de Morvan, et je lui ai même promis de l'accompagner.

MADAME HÉLIER.

Elle n'ose pas y aller seule?

CATHERINE.

Elle est si émue!

MADAME HÉLIER.

Elle qui se moquait tant de la duchesse!

CATHERINE.

Comme les poltrons du danger. Mais je ne l'ai pas chicanée là-dessus, et, quoique cette visite ne m'amuse guère... Bah! tout m'amuse aujourd'hui.

MADAME HÉLIER.

A quelle heure irez-vous?

CATHERINE.

Dès que madame la comtesse aura achevé sa toilette.

MADAME HÉLIER.

Et la vôtre?

CATHERINE.

J'ai bien le temps! Octavie ne sera pas prête de sitôt. Elle se prépare avec recueillement au grand acte qu'elle va accomplir.

MADAME HÉLIER.

Pourvu qu'elle ne se couvre pas de bijoux?

CATHERINE.

Non, non, elle est fine, elle médite une toilette tranquille. Elle aura très-grand air. Elle est vraiment bien belle; elle a beaucoup d'esprit au milieu de ses travers... et je crois que cette petite satisfaction de vanité va la rendre tout à fait bonne.

MADAME HÉLIER.

Vous êtes dans un jour de bienveillance.

CATHERINE.

Il fait si beau temps! Je me suis promenée ce matin une heure dans le jardin... Que c'est charmant, le soleil d'hiver! quelle protestation de la vie contre la mort! Je suis d'une gaieté folle et je voudrais voir tout le monde heureux autour de moi. Que manque-t-il à votre bonheur, ma bonne Hélier?

MADAME HÉLIER.

Rien, puisque vous êtes contente.

CATHERINE.

Ce doit être votre anniversaire aujourd'hui?

MADAME HÉLIE .

Pas que je sache.

CATHERINE.

Alors, c'est votre fête?

MADAME HÉLIER.

Non plus.

CATHERINE.

C'est égal, je vous la souhaite bonne et heureuse. (Elle l'embrasse.) Vous avez perdu votre bague, l'autre jour; je l'ai retrouvée. (Elle retire une bague de son doigt et la lui donne.)

MADAME HÉLIER.

Ma bague portait une simple turquoise.

CATHERINE.

Elle l'a changée en route contre un rubis; regardez comme les voyages... A propos, est-ce que votre frère en veut à ce jeune homme?

MADAME HÉLIER.

D'avoir refusé sa proposition? Pas du tout... Il s'intéresse tellement à lui, au contraire, qu'il s'occupe depuis ce matin de lui récolter des souscriptions. Il sort d'ici. Il a déjà quarante mille francs! Il espère en avoir cent mille ce soir.

CATHERINE.

Vraiment?

MADAME HÉLIER.

Le pauvre homme me disait en s'essuyant le front : « J'ai tant couru, que mon bon ange avait de la peine à me suivre! »

CATHERINE.

Je lui en sais bon gré. Je ne saurais vous dire combien je

m'intéresse à ce pauvre M. Jacques. Il me semble que je le connais... Une espèce d'Hercule, brusque et tendre. Est-ce maternel, est-ce héroïque ce mot : « Tu n'es pas de force à me porter!... » Il m'a fait chaud au cœur... C'est beau, l'amitié de ces deux hommes !

MADAME HÉLIER.

Je crois que M. Jacques vaut mieux que l'autre.

CATHERINE, vivement.

Pourquoi donc?

MADAME HÉLIER.

L'autre se laisse porter.

CATHERINE.

Oui, mais il va chercher son ami au péril de sa vie... Allez, ce sont des âmes bien trempées, des hommes d'un autre temps. (Montrant 'la panoplie.) Il a dû battre des cœurs comme ceux-là sous cette cuirasse! et ce haubert abritait des têtes moins pleines !

MADAME HÉLIER.

Faut-il vraiment être si savant pour voyager?

CATHERINE.

Mais le moins qu'il faille savoir, ma chère, c'est l'astronomie, la minéralogie, la géologie, la botanique, un peu de médecine et plusieurs langues. Et tout cela ne sert de rien si on n'est pas un homme de main et de résolution; il faut savoir encore tuer un lion et étrangler un nègre au besoin.

MADAME HÉLIER, à part.

Quel enthousiasme !

SIMON, annonçant.

M. le comte de Valtravers.

SCÈNE II.

Les Mêmes, ADHÉMAR.

CATHERINE.

Bonjour, cousin... Vous arrivez bien : contez-moi des balivernes... Je suis en humeur de rire. Mais quel air sérieux !

ADHÉMAR, bas.

J'ai à vous parler. Éloignez la vieille dame, je vous prie.

CATHERINE.

Madame Hélier, mon cousin a des confidences à me faire. Vous le gênez.

ADHÉMAR.

Mille pardons, madame..., mais c'est la vérité.

MADAME HÉLIER.

Rien de plus naturel, monsieur le vicomte. (A part.) S'il pouvait regagner du terrain, le pauvre chérubin! (Elle sort.)

CATHERINE.

Nous sommes seuls... Parlez.

ADHÉMAR.

Je viens vous dire adieu, ma chère cousine.

CATHERINE.

Adieu?

ADHÉMAR.

Vous avez assez étudié mon caractère; il ne peut pas vous convenir, et vous me renvoyez à mes parents.

CATHERINE.

Comment, mon pauvre Adhémar! seriez-vous déjà à sec? Par quel hasard?

ADHÉMAR.

Une fatalité! J'avais un souper, hier soir, comme je vous l'ai dit. J'y entraîne Champlion...

CATHERINE.

Ah!... Il y avait... des dames?

ADHÉMAR, d'un air prude.

Jamais de la vie! Des huîtres et des bécasses, personne autre... Tout se passe très-bien : une gaieté de bon ton, des vins exquis... Je fais de la propagande à Champlion; je lui ramasse dix souscriptions...

CATHERINE.

C'est bien.

ADHÉMAR.

J'étais enchanté, car je l'adore, cet être-là !

CATHERINE.

Déjà !

ADHÉMAR.

Ah ! quand vous le connaîtrez mieux !... Voilà un guerrier qui ne met pas son panache ! Il est simple, il est doux, et il parle de sa pauvreté avec si bonne grâce, et de vous avec tant de respect !

CATHERINE.

Ah ! vous avez parlé de moi ?

ADHÉMAR.

Les oreilles ne vous ont-elles pas tinté ? J'ai fait votre éloge à Champlion depuis le Café Anglais jusqu'à la Madeleine, aller et retour... C'est même ce qui m'a perdu. Cette conversation m'avait animé ; au lieu d'aller me coucher comme un bon père de famille, je suis monté au Cercle ; j'ai trouvé une partie engagée, d'Estrigaud taillait la banque ; j'aurais dû me méfier de sa veine.

CATHERINE.

Est-ce qu'il est déloyal, même au jeu ?

ADHÉMAR.

Non, mais il a une chance de... pendu. (A part.) C'est ma
faute. (Haut.) Je fais un louis, et, une demi-heure après, je per-
dais quinze mille francs sur parole... le reste de mes écus.

CATHERINE.

Pauvre garçon !

ADHÉMAR.

Le pire de l'affaire, c'est qu'il va falloir tout déclarer à ce bon
M. de Sainte-Agathe.

CATHERINE.

Pourquoi ?

ADHÉMAR.

N'est-ce pas lui qui a mes fonds ? Il ne m'a encore remis
que deux mille francs, avec force recommandations d'économi-
ser ; quand il saura que j'ai grignoté le reste dans son tiroir...
quel quart d'heure !

CATHERINE.

On dirait qu'il vous fait peur ?

ADHÉMAR.

Peur, non ! mais il m'a tant corrigé quand j'étais petit, qu'il
m'en reste un respect involontaire... oh ! bien involontaire !

CATHERINE.

Pourquoi n'êtes-vous pas mon frère au lieu d'être mon cousin ! je pourrais payer vos dettes.

ADHÉMAR.

Merci ; mais, si j'étais votre frère, je serais aussi riche que vous.

CATHERINE.

C'est vrai... et vous auriez bien de la peine à faire des dettes.

ADHÉMAR.

Oh ! — on ne fait pas ces choses-là soi-même... (A part.), et, en s'adressant aux bonnes faiseuses...

UN DOMESTIQUE.

Madame la comtesse fait demander si mademoiselle est prête.

CATHERINE.

Dans un moment. (Le domestique sort.)

ADHÉMAR.

Vous sortez ?

CATHERINE.

Oui. J'accompagne Octavie chez la duchesse de Morvan.

ADHÉMAR.

Bon ! Champlion va trouver visage de bois.

CATHERINE.

Il doit venir ?

ADHÉMAR.

Cela vous étonne ?

CATHERINE.

Non... c'est tout simple. — Je ne sortirai pas, attendez-moi là, le temps de monter chez Octavie pour m'excuser moi-même. Attendez-moi... (Elle sort.)

ADHÉMAR, seul.

On tient à la visite de Champlion... c'est assez naturel. (S'approchant de la table.) La carte d'Afrique?... (Regardant les livres.) Le *Voyage* du docteur Barth au lac Tchad... le *Voyage* du docteur Barker et de sa jeune femme à l'Albert-'Nyanza... Diable! on travaille sérieusement la géographie depuis hier! Est-ce que par hasard l'invulnérable Catherine...? J'en serais bien content.

UN DOMESTIQUE, à Champlion sur la porte.

Mademoiselle prie monsieur de vouloir bien l'attendre un instant.

SCÈNE III.

CHAMPLION, ADHÉMAR, puis CATHERINE.

CHAMPLION.

Vous, mon cher?

ADHÉMAR.

J'avais annoncé votre visite, comme vous voyez.

CHAMPLION.

Je suis charmé de vous trouver là... J'étais assez embarrassé de ma contenance, je l'avoue.

ADHÉMAR.

Décidément, les dames vous intimident! Vous m'amusiez hier soir avec ces demoiselles!

CHAMPLION.

Ne parlons pas de ces personnes-là ici... c'est une profanation.

ADHÉMAR.

C'est juste! Respectons le temple.

CHAMPLION.

Riez! Vous êtes un familier du lieu. Mais, moi, je n'y entre pas sans une crainte superstitieuse... Quel est ce portrait?

ADHÉMAR.

Le chancelier de Birague.

CHAMPLION.

Il doit être bien étonné de me voir là.

ADHÉMAR.

Voulez-vous que je vous présente?

CHAMPLION, riant.

Non pas! Il croirait que je lui fais des excuses et il se tromperait. La noblesse ne m'impose que chez les femmes.

ADHÉMAR.

Jeunes et belles.

CHAMPLION.

Vous me persuaderiez difficilement que vous et moi, mon
cher vicomte, nous ne sommes pas de la même race ; mais je
suis tout prêt à croire que votre cousine est d'une race supé-
rieure ; elle en porte l'empreinte sur toute sa personne.

ADHÉMAR.

Tandis que, moi, j'ai l'air...

CHAMPLION.

D'un simple mortel, comme moi.

ADHÉMAR.

Voici la déesse. (Entre Catherine.)

CATHERINE.

Vous êtes bien aimable, monsieur, de m'avoir attendue.
Vous m'apportez de bonnes nouvelles, je le sais.

CHAMPLION.

Oui, mademoiselle. Votre généreuse parole m'a porté bonheur ; on dirait que la France l'a entendue. La souscription,
à peine ouverte, commence à se couvrir.

CATHERINE.

Et j'en suis charmée... Non que je n'eusse été très-fière de
subvenir seule aux frais de votre expédition, mais l'indiffé-
rence de mon pays m'eût humiliée pour lui.

CHAMPLION.

Je commence à croire, au train dont vont les choses, qu'il ne vous restera rien à faire.

CATHERINE.

Tant pis.

CHAMPLION.

Mais je ne vous serai pas moins reconnaissant que si vous aviez tout fait. (Un silence.)

ADHÉMAR, à part.

Je dois les gêner.

CATHERINE.

Quand faut-il que vous preniez la mer?

CHAMPLION.

Dans deux mois, sous peine de perdre un an

CATHERINE.

Quel temps demandent vos préparatifs?

CHAMPLION.

Six semaines au moins.

CATHERINE.

La souscription sera donc close dans quinze jours au plus... et je saurai alors la part qui m'en revient.

ADHÉMAR.

Adieu, cousine.

CATHERINE.

Vous nous quittez?

ADHÉMAR.

Oui... Quelques courses indispensables... — Adieu, mon cher ami.

CATHERINE.

Mais je vous reverrai?

ADHÉMAR.

Sans doute. Je ne suis pas encore parti. (Il sort.)

CHAMPLION.

Brave garçon!

CATHERINE, après un silence, s'approchant de la table où est la carte
d'Afrique.

Prendrez-vous par le désert Libyen?

CHAMPLION.

Oui, mademoiselle.

CATHERINE, suivant sur la carte.

C'est ce que je pensais.

CHAMPLION.

Je gagne ainsi plus de cent lieues, et, tombant sur Wara à

8

la sortie du désert, j'ai la chance de m'en emparer par un coup
de main.

CATHERINE.

C'est là que vous retrouverez votre ami?

CHAMPLION.

Sans aucun doute ! à moins... mais je ne veux pas m'arrêter
à cette idée-là.

CATHERINE.

Quoi donc?

CHAMPLION.

Je tremble qu'à la première halte des fuyards, ne me voyant
plus, il ne soit retourné sur le champ de bataille.

CATHERINE.

C'est ce que vous auriez fait à sa place?

CHAMPLION.

Évidemment... Il aurait été pris, et alors... Ah! s'ils me
l'ont tué, comme je le vengerai !

CATHERINE.

Non, monsieur, il vit, j'en ai la conviction. Dieu protége
les amitiés comme la vôtre. Vous croyez en Dieu, n'est-ce
pas?

CHAMPLION.

Comment n'y croirais-je pas? Je l'ai vu... derrière la mort.

UN DOMESTIQUE annonce.

M. le baron d'Estrigaud.

SCÈNE IV.

CATHERINE, CHAMPLION, D'ESTRIGAUD.

CATHERINE, à part.

C'est de l'impudence!

D'ESTRIGAUD, à part.

L'avis de la comtesse était bon... j'arrive à temps.

CATHERINE, à d'Estrigaud.

Vous venez sans doute, monsieur, reprendre le livre d'heures que vous avez oublié ici?

D'ESTRIGAUD.

Mais... il est à vous, mademoiselle; ne m'avez-vous pas fait la grâce de l'accepter?

CATHERINE.

C'est un malentendu de plus. J'aurais dû penser à le faire remettre chez vous; mais veuillez attendre un instant, je vais vous l'envoyer. — Pardon, monsieur Champlion.

D'ESTRIGAUD.

M. Champlion? l'explorateur du Wadaï? Je vous en prie, mademoiselle, faites-moi l'honneur de me présenter.

CATHERINE, après une hésitation, à Champlion.

M. le baron d'Estrigaud.

CHAMPLION.

Monsieur !

D'ESTRIGAUD.

Je suis heureux de vous rencontrer, monsieur, pour vous exprimer ma sympathie. Tous les gens de cœur doivent s'associer à votre entreprise, et je vous prie de me compter au nombre de vos souscripteurs.

CHAMPLION.

Je suis très-touché, monsieur, et très-reconnaissant.

D'ESTRIGAUD.

C'est nous qui vous devons de la reconnaissance quand vous portez si loin, au péril de votre vie, le drapeau de la civilisation. Permettez-moi de vous offrir la main; si ce n'est pas encore celle d'un ami, c'est au moins celle d'un admirateur sincère.

CHAMPLION.

Le mot est bien gros, monsieur.

CATHERINE, à part.

Où veut-il en venir?

D'ESTRIGAUD, à part.

Elle reste. (Haut.) Veuillez m'inscrire pour de ix cents louis.

CHAMPLION.

Deux cents louis, monsieur! vous êtes magnifique.

D'ESTRIGAUD.

Je voudrais être assez riche pour prendre à votre expédition la part royale qu'y prend mademoiselle; mais, qui sait? je vous y demanderai peut-être la part du soldat.

CHAMPLION.

Quoi! monsieur le baron, vous quitteriez Paris?

D'ESTRIGAUD.

Cela vous étonne? Ah! puissiez-vous ne jamais les connaître, les douleurs qui font de l'exil un refuge! Oui, cette vie de périls et d'aventures qui retrempe un homme, le réconcilie avec lui-même et lui rend sa propre estime..., voilà ce qu'il me faut.

CATHERINE, à part.

Ah! je comprends.

CHAMPLION.

Sa propre estime?

D'ESTRIGAUD.

Ne vous méprenez pas, monsieur; le compagnon que je vous offre n'a pas forfait à l'honneur. Et pourquoi ne vous le dirais-je pas? J'ai eu le malheur de méconnaître et d'offenser une femme digne de tout mon amour et de tout mon respect.

CHAMPLION, *étonné.*

Monsieur...

D'ESTRIGAUD.

Que feriez-vous à ma place?

CHAMPLION.

Je l'ignore, n'ayant jamais eu ce malheur-là; mais il me semble que j'implorerais mon pardon.

D'ESTRIGAUD.

Et si elle ne voulait pas vous entendre? si elle se retirait quand vous paraissez? si elle mettait un mur de glace entre elle et votre désespoir?

CHAMPLION.

Il n'est pas de ressentiment que ne désarme un repentir sincère.

D'ESTRIGAUD.

Ah! vous ne doutez pas, vous, de la sincérité de mes remords!

CHAMPLION.

Il est difficile d'en douter devant la résolution qu'ils vous inspirent.

D'ESTRIGAUD, *lui montrant Catherine.*

Dites-le-lui donc!

CHAMPLION.

C'est mademoiselle?...

CATHERINE, à d'Estrigaud.

Puisque les masques sont tombés, vous comprenez, monsieur,
que la situation ne peut durer un instant de plus.

D'ESTRIGAUD, à Champlion.

Dites à mademoiselle, dites-lui, je vous en conjure, que je
ne l'ai offensée que par excès d'amour.

CHAMPLION, très-sèchement.

Mais dites-le vous-même...

CATHERINE.

Finissons cette comédie, monsieur; j'ai un livre à vous
rendre, je vais vous l'envoyer. (Elle sort.)

SCÈNE V.

CHAMPLION, D'ESTRIGAUD.

D'ESTRIGAUD.

Comment vous remercier d'avoir si bien plaidé ma cause?

CHAMPLION.

Savez-vous, monsieur, que vous m'avez fait jouer un rôle
ridicule?

D'ESTRIGAUD, à part.

Je ne suis pas venu pour autre chose. (Haut.) En quoi donc?
Nous ne sommes pas rivaux, je présume?

CHAMPLION.

Non, certes; mais vous vous êtes servi de moi pour couvrir
un procédé inqualifiable.

D'ESTRIGAUD.

Mademoiselle de Birague vous a-t-elle chargé de le qualifier?
Prenez-vous fait et cause pour elle?

CHAMPLION.

Vous savez bien que je n'en ai pas le droit.

D'ESTRIGAUD.

Alors, mon cher...

CHAMPLION, vivement.

« Mon cher! » A qui croyez-vous donc parler? Votre familiarité me déplaît, monsieur.

D'ESTRIGAUD.

Ah! ah! c'est une querelle que vous cherchez? Je vous la
refuse, n'ayant pas envie de jouer votre jeu.

CHAMPLION.

Mon jeu? Que voulez-vous dire?

D'ESTRIGAUD.

Que les quatre cent mille francs de mademoiselle de
Birague vous ont mis l'eau à la bouche, et qu'un petit duel en
son honneur achèverait de tourner la tête à ses millions.

CHAMPLION.

Quel misérable êtes-vous donc?

D'ESTRIGAUD.

Ah! prenez garde! je n'ai pas l'habitude de traiter les affaires
d'argent par l'épée; mais, si vous m'y forcez, je vous préviens
que je serai brutal comme un chiffre!... Je vous tuerai!

CHAMPLION.

Aussi fanfaron qu'insolent!

D'ESTRIGAUD.

Vous y tenez. Tant pis pour vous. J'attends vos témoins.

SCÈNE VI.

LES MÊMES, PRÉVENQUIÈRE.

PRÉVENQUIÈRE, sur la porte.

M. d'Estrigaud?... M. Champlion?...

D'ESTRIGAUD.

Vous vous intéressez à ce jeune homme, monsieur le comte?
Dites-lui donc qu'on ne cherche pas querelle au baron d'Estrigaud, quand on n'a pas vingt ans de salle. (Il sort.)

SCÈNE VII.

PRÉVENQUIÈRE, CHAMPLION.

PRÉVENQUIÈRE.

Qu'est-ce que c'est que cette querelle que vous lui cherchez?

CHAMPLION.

Pardon! C'est bien lui qui m'a insulté. (Catherine entre par la
gauche et reste sur le seuil.)

PRÉVENQUIÈRE.

Comment cela?

CHAMPLION.

Ne vient-il pas de me... (Se contenant.) Enfin, il m'a appelé
mon cher; sa familiarité m'a déplu, nous nous sommes
échauffés... et voilà!

PRÉVENQUIÈRE.

C'est absurde! c'est insensé!

SCÈNE VIII.

Les Mêmes, CATHERINE.

CATHERINE, descendant en scène.

Monsieur Champlion..., c'est pour moi que vous vous battez !

CHAMPLION.

A quel propos?

PRÉVENQUIÈRE.

Pour toi, chère enfant? Quelle idée!

CATHERINE.

Je sais ce que je dis. Le baron a eu l'impudence de se présenter chez moi après que je lui avais signifié de n'y plus
reparaître. Je lui ai épargné l'affront de le chasser en présence de
monsieur, et j'ai eu tort, car il a été devant lui d'une suprême
inconvenance.

CHAMPLION, contraint.

Je ne m'en suis pas aperçu. Il m'a paru, au contraire, parfaitement respectueux dans la forme ; quant au fond..., je n'étais
pas juge.

CATHERINE.

Alors, pourquoi lui avez-vous cherché querelle?

CHAMPLION.

Je n'ai pas cherché, j'ai rencontré ; mais je vous supplie de croire que vous n'êtes pour rien en tout ceci.

PRÉVENQUIÈRE.

Je le veux bien ; mais, quand mademoiselle de Birague s'y trompe, on peut s'y tromper, et vous lui devez, vous devez à tous les siens de ne pas l'exposer à la malignité du monde.

CHAMPLION.

La malignité de votre monde ne daignerait certainement pas s'exercer à mon sujet. Je suis un trop mince personnage pour qu'elle m'honore de son attention.

PRÉVENQUIÈRE.

Pas au moment où votre nom occupe tout Paris.

CHAMPLION.

D'ailleurs, il y a un moyen bien simple de fermer la bouche aux plus malveillants. Si mademoiselle de Birague venait à être offensée, quel serait son champion naturel ? Vous, monsieur le comte !

PRÉVENQUIÈRE.

Comment, moi ?

CHAMPLION.

N'êtes-vous pas son tuteur, son second père ? Eh bien, faites-moi l'honneur de me servir de témoin : personne ne supposera que vous m'ayez cédé votre place.

PRÉVENQUIÈRE.

J'entends bien, c'est un palliatif; mais mieux vaudrait encore arranger l'affaire.

CHAMPLION.

Nous aurons plus tôt fait de la vider. Les suites n'en sauraient être plus sérieuses que le motif.

PRÉVENQUIÈRE.

Est-ce qu'on peut savoir?... Une fois sur le terrain, il suffit d'un coup malheureux !

CHAMPLION.

Eh bien, quoi?... Je suis honteux, mademoiselle, de parler de ces choses-là devant vous.

CATHERINE.

Ne vous excusez pas; on parle de ces choses-là devant mademoiselle de Birague. Mais vous n'avez pas le droit d'exposer votre vie, monsieur Champlion; elle appartient à votre ami.

CHAMPLION.

Jacques! je l'avais oublié.

PRÉVENQUIÈRE.

C'est le moment d'y songer. Donnez-moi carte blanche et je cours...

CHAMPLION.

Impossible ! Jacques lui-même ne le voudrait pas.

PRÉVENQUIÈRE.

En vérité, mon cher enfant, s'il n'y a entre vous et M. d'Estrigaud que ce que nous savons...

CHAMPLION, d'une voix brève.

Il y a autre chose.

CATHERINE.

Mais qu'y a-t-il? Parlez.

CHAMPLION.

Je ne peux pas vous le dire.

CATHERINE.

Vous voyez bien que l'affaire est plus grave que vous ne l'avouez! N'espérez pas nous donner le change... Un duel entre M. d'Estrigaud et vous, c'est un duel à mort.

CHAMPLION.

Pourquoi donc?

CATHERINE.

Je ne peux pas non plus vous le dire ; mais je le sens, mais j'en suis sûre !

CHAMPLION, souriant.

En tout cas, j'ai échappé à d'autres dangers.

PRÉVENQUIÈRE.

Quel est votre second témoin? Si vous n'avez personne en vue, prenez Adhémar.

CATHERINE.

Il est bien jeune.

PRÉVENQUIÈRE.

Peut-être ; mais la présence de ton fiancé sur le terrain importe encore plus que la mienne à ta situation. (Sur le mot *fiancé,* Champlion regarde Catherine qui baisse les yeux.)

CHAMPLION, très-froid.

M. le comte a raison.

PRÉVENQUIÈRE.

Rendez-vous chez moi dans une heure. Je cours chez Adhémar.

SCÈNE IX.

CATHERINE, CHAMPLION.

CHAMPLION, saluant.

Mademoiselle...

CATHERINE.

Un dernier mot, monsieur... Le vicomte Adhémar n'est pas mon fiancé.

CHAMPLION.

Comment?

CATHERINE.

Que Dieu vous garde! (Elle lui tend la main, il l'effleure de la sienne et s'incline profondément.)

ACTE QUATRIÈME

SCÈNE PREMIÈRE.

SAINTE-AGATHE, assis près de la table, relisant une lettre qu'il vient d'écrire et qu'UN GARÇON D'HÔTEL attend debout au fond.

« Votre très-obéissant et très-indigne serviteur, ALPHONSE. Mes respects à tous ces messieurs d'Uzès. *Post-Scriptum.* J'ai reçu ce matin les dernières pièces concernant le sieur d'Estrigaud. Je lui ai donné rendez-vous et je l'attends d'ici à une heure. » (Parlé.) Il ne manquera pas de venir, j'ai piqué sa curiosité. (Reprenant sa lecture.) « Une seconde lettre vous dira le résultat de l'entrevue; mais il n'est pas douteux et vous pouvez considérer le mariage d'Adhémar comme chose faite. » (Il plie la lettre et met l'adresse. — Au garçon.) A la poste tout de suite. Il faut que cela parte aujourd'hui. Voici pour vous. (Il lui donne la pièce.)

9

OCTAVIE, en dehors.

M. de Sainthe-Agathe? (Le garçon lui montre la chambre, s'efface sur la porte pour la laisser passer et sort.)

SCÈNE II.

SAINTE-AGATHE, OCTAVIE.

SAINTE-AGATHE.

Vous, madame? Quel bon vent...?

OCTAVIE.

Oh! vent du nord... brrr!...

SAINTE-AGATHE.

Chauffez-vous donc... (Il la fait asseoir près de la cheminée.) Mille pardons! mon feu s'est éteint. (Il met une bûche dans la cheminée et prend le soufflet.)

OCTAVIE.

Ne prenez pas tant de peine... je ne fais qu'entrer et sortir. Je viens vous remercier...

SAINTE-AGATHE.

Et de quoi, mon Dieu?

OCTAVIE.

D'avoir fait ma paix avec la duchesse. Je la quitte à l'instant. Elle m'a reçue, grâce à vous, de la façon la plus charmante.

SAINTE-AGATHE.

Oh! grâce à moi...

OCTAVIE.

Elle fait le plus grand cas de vous et de votre famille. Elle parle surtout de monseigneur Ambroise, votre frère, avec un véritable enthousiasme. Elle le compare à Fénelon.

SAINTE-AGATHE.

A Fénelon? c'est beaucoup. La modestie de mon frère protesterait.

OCTAVIE.

Mais la vôtre peut accepter.

SAINTE-AGATHE.

Heu! heu!... Ainsi, vous avez trouvé la duchesse telle que vous la souhaitiez?

OCTAVIE.

« Je sais, m'a-t-elle dit, je sais par M. de Sainte-Agathe combien vous vous intéressez au mariage de Catherine avec son cousin. Tout le faubourg vous est reconnaissant de ce zèle. Vous êtes définitivement des nôtres... » Paroles qui m'ont été au cœur et dont je serai digne, je vous le promets; car ma gratitude...

SAINTE-AGATHE.

Vous ne devez rien qu'à vous-même, madame. Je me suis borné à dire la verité.

OCTAVIE.

La vérité du lendemain.

SAINTE-AGATHE.

Le sage n'en dit pas d'autre. Je savais bien que votre amitié pour M. d'Estrigaud ne tiendrait pas contre les devoirs de votre nom.

OCTAVIE.

D'ailleurs, le baron n'est plus en ligne à l'heure qu'il est, et ce n'est plus lui que je desservirai en servant votre élève... vous vous en doutez bien?

SAINTE-AGATHE.

Est-ce que le voyageur a fait de nouveaux progrès?

OCTAVIE.

J'en ai peur; jugez-en : Catherine devait m'accompagner chez la duchesse; on lui annonce la visite de M. Champlion; changement à vue! Elle vient s'excuser avec une joie si peu dissimulée, que... que j'ai fait tenir un avis au baron, je le confesse.

SAINTE-AGATHE.

Peu importe.

OCTAVIE.

Je ne m'intéressais pas encore au vicomte.

SAINTE-AGATHE.

Le baron n'est pas dangereux... Cet aventurier, voilà le danger, vous avez raison! Merci du renseignement.

OCTAVIE.

En tout cas, disposez de moi.

SAINTE-AGATHE.

A charge de revanche... C'est entendu. (Ils se donnent la main. On frappe.) Permettez-moi d'aller ouvrir, madame... Je suis mon seul domestique.

SCÈNE III.

OCTAVIE, MADAME HÉLIER, SAINTE-AGATHE.

MADAME HÉLIER, entrant précipitamment.

Ah! si vous saviez... (Sainte-Agathe l'embrasse.) Vous n'êtes donc pas seul?

SAINTE-AGATHE.

Vous voyez.

OCTAVIE.

Mais vous êtes tout épouffée... Qu'y a-t-il donc?

MADAME HÉLIER.

Rien. J'ai monté vite.

SAINTE-AGATHE.

Vous pouvez parler devant madame. Elle est entièrement dans les intérêts d'Adhémar.

OCTAVIE.

Entièrement, ma bonne madame Hélier.

MADAME HÉLIER.

Eh bien, M. Champlion vient de se rencontrer chez Catherine avec M. d'Estrigaud. Le baron a été inconvenant, à ce qu'il paraît ; M. Champlion a pris fait et cause ; enfin, ils vont se battre.

SAINTE-AGATHE.

Champlion et d'Estrigaud ?

MADAME HÉLIER.

Catherine, très-émue, entendez-vous, très-émue! m'a raconté la chose. J'ai jeté un châle sur mes épaules, j'ai pris un fiacre, et me voilà.

SAINTE-AGATHE.

Vous avez bien fait de ne pas perdre une minute. C'est très-grave.

MADAME HÉLIER.

Elle est dans un état de trouble où je ne l'ai jamais vue.

OCTAVIE.

Si le duel a lieu, voilà Catherine compromise avec un homme pour qui elle n'a déjà que trop de penchant.

SAINTE-AGATHE.

Je dois justement voir le baron. Ce duel n'aura pas lieu, j'en

réponds. Il nè faut pas qu'il ait lieu. Blessé, elle l'épouse;
mort, elle le pleure! — Quel est le motif apparent de la querelle? Il doit être futile.

MADAME HÉLIER.

Le baron a appelé M. Champlion *mon cher*.

OCTAVIE.

Voilà un mot facile à retirer.

SAINTE-AGATHE.

Allez vite rassurer Catherine. Ne la laissons pas une minute
de plus sous le coup d'une inquiétude si propre à développer
une inclination naissante.

OCTAVIE.

Vous n'avez pas d'instructions à me donner?

SAINTE-AGATHE.

Pas pour le moment. Voyons venir. En attendant, faites avec
Catherine de la médecine expectante...

MADAME HÉLIER.

Des calmants...

OCTAVIE.

Des réfrigérants. Au revoir, cher monsieur.

MADAME HÉLIER.

A bientôt, Alphonse. (Elles sortent.)

SCÈNE IV.

SAINTE-AGATHE, seul

Arrêter ce duel... je le peux... Mais n'y a-t-il pas un meilleur parti à en tirer? — C'est évident!... Il ne suffit pas d'empêcher Catherine d'être compromise par Champlion; il faut qu'elle le soit par Adhémar : c'est au vicomte qu'appartient ce duel, au parent, au prétendant officiel de l'offensée. — Oui, mais s'il allait se faire tuer? Le baron a la main malheureuse... Suis-je simple! J'oublie qu'il va m'appartenir. Il mettra le bras en écharpe au vicomte... une grâce de plus! et le père sera enchanté que le fils ait fait ses preuves à si bon marché. (La porte s'ouvre, Prévenquière paraît.) Monsieur de Prévenquière!

SCÈNE V.

SAINTE-AGATHE, PRÉVENQUIÈRE, ADHÉMAR.

PRÉVENQUIÈRE.

Je vous amène un grand coupable, mon pauvre monsieur de Sainte-Agathe.

SAINTE-AGATHE.

Qui cela? le vicomte?

PRÉVENQUIÈRE.

Lui-même. Il m'a fait toute sa confession en chemin : elle a été longue! Mais je l'ai morigéné de la belle façon; tout ce que vous pourriez lui dire, je le lui ai dit; ainsi, ne vous mettez pas en frais de sévérité.

SAINTE-AGATHE.

Mais qu'a-t-il fait?

PRÉVENQUIÈRE.

Son père vous avait confié une somme de cinquante mille francs pour subvenir à ses dépenses?

SAINTE-AGATHE.

Et le mettre à même de soutenir son rang.

PRÉVENQUIÈRE.

Il en a mangé les trois quarts.

SAINTE-AGATHE.

Ce n'est pas possible! Je ne lui ai encore remis que cent louis.

PRÉVENQUIÈRE.

Oui; mais, comme il craignait vos justes remontrances, il a eu recours à des usuriers.

SAINTE-AGATHE.

Sainte Vierge! Et où en a-t-il trouvé?

ADHÉMAR, les yeux baissés.

On m'a donné des adresses.

PRÉVENQUIÈRE.

Et il a fait pour trente-cinq mille francs de billets.

SAINTE-AGATHE.

En croirai-je mes oreilles !

ADHÉMAR.

Hélas !

SAINTE-AGATHE.

Et à quoi avez-vous pu dépenser tout cela en si peu de temps ? Je ne vous connais pas de vices.

ADHÉMAR.

Je ne m'en connaissais pas non plus ; mais il paraît que j'en avais.

SAINTE-AGATHE, à Prévenquière.

Malheureux enfant ! Qu'a-t-il fait de sa robe d'innocence !

ADHÉMAR, à part.

Elle n'est plus mettable.

SAINTE-AGATHE.

Moi qui aurais répondu de vous corps pour corps ! moi qui, dans ma confiance aveugle, ne croyais pas avoir besoin de vous surveiller !

ADHÉMAR.

C'est ce qui m'a perdu.

SAINTE-AGATHE.

C'est ma faute, n'est-ce pas ?... Trente-cinq mille francs !

PRÉVENQUIÈRE.

Si c'était tout !

SAINTE-AGATHE.

Quoi encore ?

PRÉVENQUIÈRE.

Il a perdu cette nuit quinze mille francs au jeu.

SAINTE-AGATHE.

Au jeu ! Tous les vices, alors !

ADHÉMAR.

Presque.

PRÉVENQUIÈRE.

Il avoue au moins. Que sa sincérité vous désarme.

SAINTE-AGATHE.

Je payerai.

ADHÉMAR, à part.

Comme il est coulant !

PRÉVENQUIÈRE.

Vous savez que les dettes de jeu se payent dans les vingt-quatre heures ?

SAINTE-AGATHE.

J'ai donc jusqu'à ce soir.

PRÉVENQUIERE.

Mais il y a une circonstance particulière qui nous oblige à vous demander la somme tout de suite. Le créancier d'Adhémar est le baron d'Estrigaud ..

SAINTE-AGATHE.

D'Estrigaud !... Je trouverai donc toujours cet homme sur ma route ? (A Adhémar.) Je le verrai aujourd'hui même et je le rembourserai.

ADHÉMAR.

Je vous en prie, car il se bat avec Champlion, et...

SAINTE-AGATHE.

Vous le saviez aussi ?

ADHÉMAR.

Et je ne peux pas être à la fois son débiteur et le témoin de son adversaire.

SAINTE-AGATHE.

Comment, monsieur le vicomte, votre fiancée est insultée et vous laissez à un autre le soin de la compromettre ?

ADHÉMAR.

On ne m'avait pas dit cela. Est-ce exact, monsieur le comte ?

PRÉVENQUIÈRE.

Pas le moins du monde. Autrement, le champion naturel de Catherine, c'est moi, et je vous prie de croire que je n'aurais cédé à personne le droit de la protéger.

SAINTE-AGATHE.

Cependant, mademoiselle de Birague est convaincue qu'elle est la véritable cause de ce duel.

PRÉVENQUIÈRE.

Je sais bien; mais Champlion nie comme un beau diable.

SAINTE-AGATHE.

A qui fera-t-il croire qu'il se bat parce qu'on l'a appelé *mon cher?*

PRÉVENQUIÈRE.

Il répond à cela qu'il y a entre le baron et lui une chose que nous ne pouvons savoir.

SAINTE-AGATHE.

Il a dit cela devant mademoiselle de Birague?

PRÉVENQUIÈRE.

Sans doute.

SAINTE-AGATHE.

Et elle persiste à se regarder comme l'héroïne du duel?

ADHÉMAR, à part.

Elle l'est!

PRÉVENQUIÈRE.

Vous savez, les femmes!

SAINTE-AGATHE.

Mon pauvre vicomte, votre mariage est en train de vous échapper.

ADHÉMAR.

Je le sais bien. Ma cousine m'a déclaré aujourd'hui même qu'il n'y fallait plus penser.

SAINTE-AGATHE.

Elle vous a déclaré...?

ADHÉMAR.

Oui, mon caractère ne lui convient pas.

SAINTE-AGATHE.

Parce qu'elle vous prend pour une colombe ! mais, grâce au ciel, on peut lui prouver... Quand je dis *grâce au ciel,* monsieur, c'est que je reconnais un dessein de la Providence dans des égarements passagers qui sont peut-être le chemin d'un cœur où vous êtes appelé à rapporter la lumière. Poussez , donc plus avant dans cette voie mystérieuse ; revendiquez le détestable honneur d'un duel...

PRÉVENQUIÈRE.

Sous quel prétexte ? Je vous répète que Catherine n'est pas en cause.

SAINTE-AGATHE.

Il y a doute, profitons-en. (A Adhémar.) Épousez sa querelle, croyez-moi. C'est toujours un commencement d'épousailles.

ADHÉMAR.

Oui, mais qui ne veut pas la fin... ne veut pas les moyens.

SAINTE-AGATHE.

Vous ne voulez pas ?

ADHÉMAR.

Ni vous non plus, par l'excellente raison que ma cousine n'a
pas plus d'amour pour moi que je n'en ai pour elle... (Avec onction.)
et qu'il ne saurait y avoir entre nous cette étroite union des
âmes, cette parenté mystique qui fait la grandeur et la sainteté
du mariage. Je n'ai pas oublié vos leçons.

SAINTE-AGATHE.

C'est bien le moment de vous les rappeler !

ADHÉMAR.

J'ai pu avoir des faiblesses de détail ; mais je ne transigerai
jamais avec les grands principes que vous m'avez inculqués.

SAINTE-AGATHE.

Il ne faut pourtant rien exagérer.

ADHÉMAR.

N'insistez pas, mon cher maître, vous étonneriez mon respect.

PRÉVENQUIÈRE.

Vous recueillez le fruit de vos leçons, monsieur.

SAINTE-AGATHE.

Oui, monsieur, et j'en suis fier. D'ici à une heure, vous pourrez vous présenter chez le baron ; il sera payé.

PRÉVENQUIÈRE.

Nous y comptons !

Parfaitement. Au revoir, mon cher enfant. (Prévenquière et Adhémar sortent.)

SCÈNE VI.

SAINTE-AGATHE, seul. Il fait quelques pas dans la chambre,
saisit une chaise avec violence comme pour la briser, et, la reposant dou-
cement à terre, s'y assied.

Voyons, du calme... La situation se complique étrange-
ment : faire épouser Catherine au vicomte malgré elle, c'était
déjà difficile, mais malgré elle et malgré lui, *invitus, invi-
tam,* est-ce possible? On peut bien rendre un mariage indis-
pensable à une femme, mais à un homme! Comment? Par
où?... Oh! je trouverai, quand je devrais... Tous les chemins
me sont bons! Je n'ai pas de bas violets à ménager, moi, je
ne suis pas un Fénelon!...

SCÈNE VII.

SAINTE-AGATHE, D'ESTRIGAUD.

SAINTE-AGATHE.

Enfin, vous voilà!

D'ESTRIGAUD.

Plaît-il? Vous avez failli attendre, mon cher monsieur?

SAINTE-AGATHE.

Ce n'est pas le moment d'être pointilleux ; nous avons à parler sérieusement... Vous soupçonnez peut-être de quoi ?

D'ESTRIGAUD, s'asseyant au coin du feu.

A telles enseignes qu'au moment où je recevais votre gracieuse invitation j'allais vous en adresser une toute pareille. Mais j'ai pensé comme vous qu'il valait mieux, pour le secret, que la conférence n'eût pas lieu chez moi.

SAINTE-AGATHE.

Autrement, je ne me fusse pas permis de vous déranger. Je me-tiens à ma place.

D'ESTRIGAUD.

Si nous abordions la question ?

SAINTE-AGATHE.

Volontiers.

D'ESTRIGAUD.

Nous poursuivons tous les deux le même objet : moi, pour mon propre compte ; vous, pour le compte de votre élève...

SAINTE-AGATHE.

Survient un troisième larron...

D'ESTRIGAUD.

Et je vous propose une alliance contre cet intrus.

10

SAINTE-AGATHE.

C'est exactement la proposition que je voulais avoir l'honneur de vous faire.

D'ESTRIGAUD.

Entre deux hommes qui s'entendent si bien, les précautions oratoires sont superflues. Combien vous donne la famille de Valtravers pour ce mariage?

SAINTE-AGATHE.

Pardon! ce n'est pas à vous de faire des offres... Veuillez écouter mes conditions...

D'ESTRIGAUD.

Vous m'étonnez.

SAINTE-AGATHE.

Par la raison que vous ne me tenez pas et que je vous tiens.

D'ESTRIGAUD.

De plus en plus fort. Savez-vous, monsieur, qu'il faut une main d'une belle largeur pour tenir d'Estrigaud?

SAINTE-AGATHE.

Dieu prête sa force aux faibles, et David a renversé Goliath.

D'ESTRIGAUD.

Il avait une fronde... et une pierre.

SAINTE-AGATHE.

J'ai un pavé. Je n'aurais qu'un mot à dire pour vous mettre au ban de la société.

D'ESTRIGAUD.

Vous m'amusez beaucoup. Mais je vous préviens, pour votre gouverne, que l'intimidation ne réussit pas avec moi. Ma vie est à jour et je ne crains rien.

SAINTE-AGATHE, patelin.

C'est qu'alors vous avez oublié certains détails de votre histoire. Cela arrive tous les jours. Permettez-moi de vous rafraîchir la mémoire.

D'ESTRIGAUD.

Rafraîchissez, monsieur. La fumée de tabac vous incommode-t-elle? (Il tire son étui à cigares.)

SAINTE-AGATHE.

Je fume moi-même quelquefois... quand j'ai mal aux dents. (Lui montrant une boîte d'allumettes.) Voici du feu. — Après votre déconfiture à la Bourse, vous avez fait une absence de dix-huit mois.

D'ESTRIGAUD.

Si vous n'avez que des révélations pareilles...

SAINTE-AGATHE.

Savez-vous où vous avez passé ces dix-huit mois?

D'ESTRIGAUD.

Tout le monde vous le dira : en Auvergne, chez une grand'-tante dont j'ai hérité.

SAINTE-AGATHE.

Quelle erreur! Vous les avez passés dans le Comtat, au château de Roque-Brussane, chez la marquise de Roque-Brussane, qui n'était pas votre tante, et dont vous n'avez pas hérité.

D'ESTRIGAUD.

Monsieur! — Attendu vos cheveux blancs, je prends le parti de trouver votre petit roman très-drôle. Continuez. Avec quoi, selon vous, aurais-je payé mes dettes, si ce n'est pas avec un héritage? Me soupçonnez-vous d'avoir assassiné le courrier de Lyon?

SAINTE-AGATHE, avec bonhomie.

Dieu m'en garde! Vous avez payé avec l'argent de cette dame.

D'ESTRIGAUD.

Ah bien, non! si cela vous est égal, j'aime mieux avoir tué le courrier.

SAINTE-AGATHE.

Pourquoi?

D'ESTRIGAUD.

Si vous étiez du monde, mon cher monsieur, vous sauriez qu'une femme qui paye les dettes d'un homme le compromet au moins autant qu'elle se compromet elle-même.

SAINTE-AGATHE.

Je le sais bien... et même... (A part, se levant.) Tiens, tiens, tiens! Si Catherine... Eurêka!

D'ESTRIGAUD.

Qu'avez-vous trouvé?

SAINTE-AGATHE.

Mon mouchoir. — Reprenons... Persistez-vous à nier les libéralités de la marquise?

D'ESTRIGAUD.

Avec indignation!

SAINTE-AGATHE.

Alors, comment se fait-il qu'on ait découvert dans sa succession pour huit cent mille francs de votre signature?

D'ESTRIGAUD, debout à la cheminée.

On a découvert...? (Après un silence.) Eh bien, c'est la preu
evidente qu'il y a eu prêt et non pas libéralité. La marquise
été une mère pour moi, je n'ai aucune raison de le nier.

SAINTE-AGATHE.

Une mère?... On a aussi trouvé des lettres de vous dans les papiers de la succession : elles ne sont pas filiales... Pour peu que vous soyez curieux de les relire...

D'ESTRIGAUD.

Inutile. — Qui êtes-vous donc, monsieur?

SAINTE-AGATHE , souriant.

Vous êtes de ceux qui ne se rendent qu'à bon escient... Va

donc! aussi bien je suis si fort ici, que j'ai même intérêt à me montrer. — La marquise, que Dieu seul avait pu consoler de votre absence prolongée, a laissé tous ses biens à la maison mère d'Uzès.

D'ESTRIGAUD, saluant.

Je comprends. Vous vous appelez légion. (D'un ton railleur.) Et vous me tenez pour un adversaire indigne de vous.

SAINTE-AGATHE.

Non pas! Vous êtes une des figures les plus curieuses et les plus intéressantes de ce temps-ci. Et savez-vous où je vous trouve vraiment supérieur? Ce n'est pas quand vous jetez huit cent mille francs dans le gouffre de la réhabilitation, ceci est élémentaire; c'est quand vous faites à cette dame des billets qu'il vous était si aisé de ne pas faire. Cette imprudence voulue dénote un soin de votre dignité dans la rouerie, un respect de vous-même dans le mépris de toutes choses, qui est la marque d'un esprit né pour le commandement.

D'ESTRIGAUD, gaiement.

Eh bien, c'est vrai; je n'ai jamais fait bon marché de mon attitude, et je m'en suis toujours bien trouvé... aujourd'hui surtout; car ces billets dont vous pensez vous faire une arme contre moi, et qui ne sont pas tous là, je suppose?...

SAINTE-AGATHE, souriant.

Vous supposez bien.

D'ESTRIGAUD.

Ces billets vous mettent tout simplement à mon service.

SAINTE-AGATHE.

Expliquez-vous.

D'ESTRIGAUD, s'asseyant près de la table.

Vous avez une créance de huit cent mille francs sur votre serviteur, n'est-ce pas? Créance véreuse en l'état, vous n'en doutez pas, mais qui deviendra de l'or en barres le jour où j'épouserai mademoiselle de Birague. Par conséquent, vous êtes obligé de servir mon mariage.

SAINTE-AGATHE.

Avec quelle prestesse vous retournez une situation! Quel précieux auxiliaire pour Adhémar!

D'ESTRIGAUD.

Vous n'avez donc pas saisi mon raisonnement?

SAINTE-AGATHE.

Parfaitement. Mais il pèche par un point qui vous échappe : c'est que mes commettants sont personnellement d'un désintéressement absolu. L'argent pour eux n'est qu'un moyen d'action; qu'il soit dans leurs mains ou dans celles de leurs créatures, peu leur importe; et ils n'auront garde de troquer une force de neuf millions contre une force de huit cent mille francs.

D'ESTRIGAUD.

Même s'il y avait cent mille francs pour vous?

SAINTE-AGATHE.

A quoi me serviraient-ils? Regardez-moi donc! Ne devinez-

vous pas que j'ai dû m'habituer de longue main au mépris de
tout ce qui est de faste ou de sensualité?

D'ESTRIGAUD, se levant.

Expliquez-vous donc à votre tour, car du diable si je devine
à quel mobile vous obéissez !

SAINTE-AGATHE, toujours assis.

A une passion que vous ne soupçonnez pas, vous autres les
voluptueux, les heureux du monde! A une passion qui sèche
toutes les autres... celle de la domination. Que pourrais-je, moi
chétif, avec ma volonté individuelle? Je l'ai abdiquée pour
épouser une volonté collective et la servir aveuglément. Pauvre et ignoré, que m'importe! J'immole mon esprit et ma
chair à l'omnipotence de l'ordre, qui est mon assouvissement ;
et, quand on me portera en terre après une vie d'obscurité et
de privations, le monde ne se doutera pas que ce cadavre sans
nom a fait des orgies de pouvoir, qu'il a senti passer dans ses
os les plus âcres voluptés du despotisme!

D'ESTRIGAUD.

Voilà un grand déploiement d'énergie pour aboutir à un
dénoûment de vaudeville, au mariage d'Alfred et d'Ernestine.
A votre place, je serais humilié d'être employé à si mince
besogne.

SAINTE-AGATHE.

Bah! aujourd'hui une dot de neuf millions, demain un testament de trois sous! Les ruisseaux fond les rivières! Il n'y a
pas de mince besogne dans une grande œuvre.

D'ESTRIGAUD.

Où prenez-vous la grande œuvre?

SAINTE-AGATHE.

Aveugle et ingrat! Qui dispute le terrain pied à pied? qui est depuis trois cents ans l'âme et le nerf de la résistance? qui soutient dans leurs défaillances les dépositaires mêmes de l'immuable vérité? qui leur impose l'obstination et l'énergie dans leur lutte contre les idées nouvelles? est-ce vous?

D'ESTRIGAUD, pensif.

En effet, tenir le progrès en échec, être le génie de l'immobilité, cela ne manque pas de grandeur... dans son genre... Sur ma parole, si je n'étais d'Estrigaud...

SAINTE-AGATHE.

Vous voudriez être Sainte-Agathe?

D'ESTRIGAUD.

Non! je ne suis pas né soldat, je suis né général.

SAINTE-AGATHE, s'asseyant près de la table.

Eh bien, général, vous êtes bloqué : il faut capituler.

D'ESTRIGAUD, s'asseyant en face de lui.

C'est juste. Voyons vos conditions.

SAINTE-AGATHE.

Je retourne votre proposition. Vous m'offrez de payer vos

billets le jour de votre mariage avec Catherine ; moi, je vous offre de vous rendre lettres et billets le jour du mariage de Catherine avec Adhémar.

D'ESTRIGAUD.

Marché conclu. (Ils se donnent la main.)

SAINTE-AGATHE.

Et maintenant, à l'ouvrage, car il y a péril en la demeure. . J'ai une idée.

D'ESTRIGAUD.

Je pense bien : vous n'êtes pas homme à crier Eurêka pour un mouchoir de poche.

SAINTE-AGATHE.

Mon élève vous doit quinze mille francs ; il m'a chargé de vous les payer.

D'ESTRIGAUD.

Vous n'allez pas m'offrir de mon papier, j'espère ?

SAINTE-AGATHE.

Rassurez-vous. Mais je n'ai pas les fonds sous la main...

D'ESTRIGAUD.

Qu'à cela ne tienne ; je vous donne du temps.

SAINTE-AGATHE, souriant.

Gardez-vous-en bien !... Si j'avais du temps, je ne serais pas obligé d'avoir recours à mademoiselle de Birague ; elle ne serait pas obligée, n'ayant pas la somme dans son tiroir, de me

signer un bon sur son banquier; enfin, je ne serais pas obligé,
trouvant la caisse fermée, de vous offrir la signature de Catherine en payement de la dette d'Adhémar.

D'ESTRIGAUD.

Ah! mais... c'est amusant de travailler avec vous! vous êtes
un inventeur!

SAINTE-AGATHE.

L'invention vous appartient. Les voilà également compromis
l'un par l'autre, forcément amenés au mariage, car je suppose
que les petits journaux donneront à l'affaire un retentissement
irréparable...

D'ESTRIGAUD.

Vous supposez bien. Mais Catherine n'est-elle pas femme à
s'en moquer, si elle aime Champlion?

SAINTE-AGATHE.

Aussi faut-il qu'elle ne l'aime plus... et ceci vous regarde.

D'ESTRIGAUD, après un silence.

Il doit avoir des maîtresses, ce garçon-là.

SAINTE-AGATHE.

J'ai peur que non.

D'ESTRIGAUD.

Eh bien, s'il n'en a pas, il en aura. Ne pouvons-nous pas
détacher quelque sirène à ses trousses? Qu'en pensez-vous?

SAINTE-AGATHE.

Oh! je ne trempe pas dans ces choses-là... D'ailleurs, votre sirène aurait-elle le temps?...

D'ESTRIGAUD.

J'en avais une bien expéditive... mais elle a filé ce matin sans tambour ni trompette, oui, sur un télégramme de la Haye, m'a dit la camériste. Elle entretenait à mon insu dés relations internationales.

SAINTE-AGATHE.

Voyez-vous cela!

D'ESTRIGAUD

En chercher une autre... cèla ne se trouve point dans le pas d'un cheval... Tiens! à propos de cheval... Attendez donc! nous ne tenons pas à ce que la bonne fortune de Champlion soit effective?

SAINTE-AGATHE.

Pour ma part, je ne m'intéresse aucunement à ses plaisirs.

D'ESTRIGAUD.

Au lieu de lui donner des maîtresses, on pourrait lui en prêter.

SAINTE-AGATHE.

Ce serait même plus moral, et, pourvu qu'il ne puisse pas établir son alibi..

D'ESTRIGAUD, se levant.

Le départ de Rosa vient comme de cire! Eurêka!... Voilà
que je parle grec... ça se gagne.

SAINTE-AGATHE, se levant aussi.

Quelle paire d'Archimèdes nous ferions!

D'ESTRIGAUD.

Avec un point d'appui, nous soulèverions le monde!

SAINTE-AGATHE.

Je ne vous demande pas à connaître votre levier... je m'en
rapporte à vous.

D'ESTRIGAUD.

Je réponds de tout. Je cours au Cercle, courez chez Catherine...

SAINTE-AGATHE.

Et votre duel?

D'ESTRIGAUD.

C'est le point d'appui.

SAINTE-AGATHE.

Il ne faut pas qu'il ait lieu.

D'ESTRIGAUD.

Qu'il ait lieu ou non, le voyageur est flambé. Lisez demain *le Mouslique*.

SAINTE-AGATHE.

Vous y avez donc un ami dévoué?

D'ESTRIGAUD.

Mieux que cela : un ennemi... sûr.

SAINTE-AGATHE.

Voilà un mot que je vous envie... Ah! si vous vouliez être des nôtres, quel chemin vous feriez!

D'ESTRIGAUD.

Oui, mais trouvez bon que je m'en tienne, jusqu'à nouvel ordre, au mot de César.

SAINTE-AGATHE.

Lequel?

D'ESTRIGAUD.

Le premier dans une bourgade plutôt que le second... à Rome! (Il sort.)

SAINTE-AGATHE, prenant son chapeau.

Chez Catherine d'abord... et puis chez l'ami Poirel. — Nous rirons au dessert.

ACTE CINQUIÈME

Chez Octavie. — Même décor qu'au deuxième acte.

SCÈNE PREMIÈRE.

ADHÉMAR, PRÉVENQUIÈRE, OCTAVIE.

PRÉVENQUIÈRE.

Une heure!... Ce silence est inconcevable.

ADHÉMAR.

Le baron a l'air de se moquer de nous. Je suis d'avis de
retourner chez lui, moi.

OCTAVIE.

Vous ne le pouvez pas. Vous lui avez écrit pour lui demander un rendez-vous, il vous a répondu qu'il voulait d'abord
consulter ses amis; attendez une nouvelle lettre.

PRÉVENQUIÈRE.

Elle devrait être arrivée depuis longtemps.

ADHÉMAR.

Cette consultation d'amis me fait l'effet d'une consultation de
médecins.

OCTAVIE.

Vous mettez en doute le courage du baron?

ADHÉMAR.

Ma foi! quand il délibère pour se battre, j'ai bien le droit
de m'étonner.

OCTAVIE.

Non, vous ne l'avez pas, puisque vous ne connaissez pas la
véritable cause de la querelle. Et, par parenthèse, messieurs, je
ne comprends pas que vous acceptiez d'être témoins dans ces
conditions-là.

ADHÉMAR.

Quand je rends·service à un ami, madame, je ne lui en demande pas plus qu'il ne veut m'en dire.

PRÉVENQUIÈRE.

Et moi, vous savez bien que j'ai accepté dans l'intérêt de
Catherine. — Mais j'avoue que l'attitude du baron m'in-
quiète. Une affaire dans laquelle je vois hésiter un si galant
homme...

ADHÉMAR.

Où prenez-vous sa *galanthommerie*?

PRÉVENQUIÈRE.

Elle est incontestable (A Octavie.) et incontestée. Ce n'est

pas la femme d'un agent de change qu'il avait détournée,
mais simplement celle d'un coulissier. M. de Sainte-Agathe
avait entendu tout de travers. Il est accouru ce matin à la première heure, le pauvre homme, pour réparer ce qu'il appelle
les médisances de son oreille.

OCTAVIE.

Je ne le crois pas mauvaise langue; mais il y avait là, en
effet, de quoi troubler la paix d'un ménage. Les maris sont
si absurdes! — Serez-vous défiant, vicomte?

ADHÉMAR.

Comme les autres... si ma femme ne me trompe pas.

OCTAVIE.

Vous croyez donc que la sécurité est l'apanage des maris
trompés?

ADHÉMAR.

C'est ce qui les distingue des maris... détrompés.

OCTAVIE.

Vous êtes sceptique.

PRÉVENQUIÈRE.

Il a tant vécu! (Bas, à Octavie.) Me pardonnez-vous?...

OCTAVIE.

Grand enfant!

11

SCÈNE 11.

LES MÊMES, CATHERINE.

CATHERINE.

Rien de nouveau?

PRÉVENQUIÈRE.

Rien.

CATHERINE.

C'est étrange.

ADHÉMAR.

La consultation se prolonge tellement, qu'il en sortira, j'espère, une lettre d'excuses.

CATHERINE.

Dieu le veuille! — Autre chose. Je reçois un billet de la duchesse qui se plaint d'apprendre mon mariage par *le Moustique* et non par moi.

ADHÉMAR.

Votre mariage... avec qui?

CATHERINE.

Avec vous.

ADHÉMAR.

Qu'est-ce que cela signifie?

OCTAVIE, prenant sur la cheminée le journal dont elle déchire
la bande.

Nous allons le savoir. (Elle ouvre le journal et cherche.) — *Chronique*... Ah! voilà. (Lisant.) « Il n'est bruit dans le faubourg que d'un mariage dont le dernier baron n'est pas très-satisfait. » (Parlé.) Qu'est-ce donc que le baron a fait à ce journal? (Lisant.) « Vous savez qu'il aspirait ouvertement à la main d'une très-belle, très-noble et surtout très-riche héritière. » (Parlé.) Les masques sont transparents. (Lisant.) « Il avait pour rival un honnête gentilhomme de province dont sa fatuité ne s'inquiétait guère ; il le plume la nuit dernière au lansquenet... »

ADHÉMAR.

C'est bien moi !

OCTAVIE, lisant.

« Mais, le lendemain, il vérifie à ses dépens la justesse du proverbe, car l'héritière lui notifie son mariage de la façon la plus catégorique et la plus cruelle, en lui payant la dette de son rival. »

CATHERINE.

Quelle perfidie !

ADHÉMAR.

Si c'est une plaisanterie, je la trouve mauvaise!... Je n'ai pas l'habitude de faire payer mes dettes par les dames. — Mais soyez tranquille, cousine, je vais démentir...

CATHERINE.

Il n'y a rien à démentir.

ADHÉMAR.

Comment! vous avez payé?...

CATHERINE.

Non... Mais M. de Sainte-Agathe est venu me prier de lui avancer la somme pour vingt-quatre heures. Je lui ai donné un bon sur mon banquier...

OCTAVIE.

Il l'aura remis au baron...

PRÉVENQUIÈRE.

Qui l'aura montré au Cercle...

OCTAVIE.

Où *le Moustique* a un correspondant... officieux.

ADHÉMAR.

Nous voilà dans une jolie position.

OCTAVIE.

Le fait est que cet article équivaut à une publication de bans.

CATHERINE.

Oui, oui!...

PRÉVENQUIÈRE.

Surtout après l'espèce d'agrément que tu avais donné à la recherche d'Adhémar.

CATHERINE.

Oh! le piége est bien tendu.

OCTAVIE.

Vous voyez par la lettre de la duchesse que ce sera le sentiment général.

CATHERINE.

Bonne duchesse!

ADHÉMAR.

Comment nous tirer de là?

OCTAVIE.

C'est bien simple : ne vous en tirez pas. Mariez-vous!

ADHÉMAR.

Vous trouvez cela simple? Il doit y avoir une issue moins tragique à notre situation. Le coup est bien mené; à l'œuvre je reconnais l'artisan. Je tiens une piste; je vais la suivre. — Au revoir, cousine; vous ne serez pas ma femme. (Il sort.)

SCÈNE III.

LES MÊMES, moins ADHÉMAR.

OCTAVIE, à Catherine.

D'où vient votre répugnance à épouser votre cousin?

CATHERINE.

Eh! madame, on ne se marie pas par amitié... Je suis compromise, dites-vous? Eh bien, soit! je le suis. Je quitterai la France, je vivrai à l'étranger, en touriste, puisque c'est le seul moyen d'être libre.

OCTAVIE, qui a repris le journal.

Le plus à plaindre en tout cela, c'est le baron. Ce méchant petit journal le taille en pièces.

PRÉVENQUIÈRE.

Il y a encore quelque chose ?

OCTAVIE.

Vous allez voir. (Lisant.) « Pauvre baron ! Par compensation à son mariage manqué, il a découvert le perfide donateur du cheval blanc. »

PRÉVENQUIÈRE.

Ah! oui, l'anecdote d'avant-hier.

OCTAVIE, lisant.

« Mais savez-vous comment? Un jeune voyageur arrivant d'Afrique lui cherche une de ces querelles d'Allemand sous lesquelles il y a toujours une femme. « Serait-ce mon homme? » se dit le baron. — Il court chez sa danseuse, lui arrache la vérité, toute la vérité : le cheval était, comme bien vous pensez, la moindre prodigalité d'un galant qui exploite une mine d'or. Pauvre baron! La belle achève sa confession en le mettant à la porte. Maintenant, peut-il se battre pour elle? Il consulte ses amis. »

PRÉVENQUIÈRE.

Parbleu! voilà le mot de l'énigme! La consultation s'explique
de reste!

OCTAVIE.

Et le silence de M. Champlion aussi! Il ne voulait pas compromettre la position de la jeune personne.

PRÉVENQUIÈRE.

Ma foi! je suis bien aise de ce dénoûment, car c'est un dénoûment, ma chère Catherine. Le baron ne peut pas se battre
pour une danseuse... Je le trouve même bien bon de consulter.
Mais voyez-vous cet espiègle de Champlion, qui se donne les
gants de stipendier des ballerines!

OCTAVIE.

Qui aurait cru cela de lui?

PRÉVENQUIÈRE.

Après tout, c'est bien naturel! Il doit rapporter de là-bas
une fière démangeaison de s'amuser. Je me rappelle qu'à mon
retour d'Égypte...

OCTAVIE.

Monsieur le comte!...

CATHERINE, à elle-même.

Au moins a-t-il eu la loyauté de ne pas me laisser croire
qu'il se battait pour moi.

OCTAVIE, à part,

Si M. de Sainte-Agathe n'est pas content !...

LE DOMESTIQUE.

M. Champlion désirerait dire un mot à M. le comte.

PRÉVENQUIÈRE.

Faites entrer.

SCÈNE IV.

Les Mêmes, CHAMPLION.

PRÉVENQUIÈRE, menaçant gaiement Champlion avec *le Moustique*.

Vous voilà, mon gaillard ?

CHAMPLION.

Vous avez lu ce journal ?

PRÉVENQUIÈRE.

Oui, nous en parlions justement.

CHAMPLION.

Que dois-je faire ?

PRÉVENQUIÈRE.

C'est fort désagréable, je l'avoue ; mais ce que vous avez de mieux à faire est de vous tenir coi.

CHAMPLION.

Rester sous le coup de cette infâme calomnie?

PRÉVENQUIÈRE, souriant.

C'est tout au plus une médisance, mon bon ami.

CHAMPLION.

Vous y croyez donc?

OCTAVIE.

Le moyen d'en douter?

CHAMPLION

Et vous aussi, madame?

PRÉVENQUIÈRE.

Nous y croyons tous.

CHAMPLION.

Vous me méprisez donc bien?

PRÉVENQUIÈRE.

Pas le moins du monde! Vous aimez le plaisir... Quel mal y a-t-il? C'est de votre âge.

CHAMPLION.

Le plaisir? Vous ne voyez là qu'une équipée de jeune homme?

OCTAVIE.

Sans doute. Qu'y a-t-il de plus?

CHAMPLION.

Il y a mon déshonneur, madame! Il y a que je suis atteint en pleine probité, car je n'ai pas le droit d'être un viveur sous peine d'être un escroc.

PRÉVENQUIÈRE.

Un escroc? Vous rêvez?

CHAMPLION.

Je n'ai pas de fortune, on le sait, je l'ai assez répété. C'est donc avec l'argent de la souscription que je paye mes ripailles! La mine d'or que j'exploite, c'est la crédulité de mes souscripteurs... Et que suis-je alors, sinon un escroc?

PRÉVENQUIÈRE, froidement.

Il est certain, monsieur, que nous n'avions pas envisagé la question sous cet aspect.

CHAMPLION.

Et, l'envisageant sous cet aspect, vous gardez votre conviction?

PRÉVENQUIÈRE.

Dame! comment expliquez-vous que cette créature avoue?

CHAMPLION.

Elle n'a rien avoué! C'est impossible! Je ne la connais pas! Je ne l'ai jamais vue!

OCTAVIE.

Rien de plus simple alors : invoquez son témoignage.

CHAMPLION.

C'est ce que j'ai voulu faire! Mais elle a disparu depuis hier, et ses gens n'ont pas pu me dire où elle est, ni quand elle reviendrait.

OCTAVIE.

C'est fâcheux.

PRÉVENQUIÈRE.

Eh bien, prenez le taureau par les cornes; répondez au journal, opposez bravement la vérité au mensonge; révélez la cause du duel, quelle qu'elle soit... il s'agit maintenant de votre honneur!

CHAMPLION.

Même pour le sauver, je n'ai pas le droit de parler.

PRÉVENQUIÈRE.

Alors, que voulez-vous que je vous dise?

OCTAVIE.

Faites un procès au journal.

CHAMPLION.

Vous avez raison! un procès! Ce n'est pas à l'accusé de prouver son innocence; c'est à l'accusateur de prouver son accusation.

PRÉVENQUIÈRE.

Mais la preuve du fait n'est pas admise en matière de dif-
famation.

CHAMPLION.

Si je la permets, cependant? si je la demande? si je l'exige?

PRÉVENQUIÈRE.

La loi défend au tribunal de l'entendre.

CHAMPLION.

A quoi me sert d'atteindre le calomniateur, si je ne puis
atteindre la calomnie?... Je suis perdu!... Aucun moyen de
rompre la toile d'araignée dans laquelle je me débats! Je
n'ai rien à opposer à mes ennemis... rien que mon indignation!

PRÉVENQUIÈRE.

Ce n'est pas assez.

UN DOMESTIQUE, apportant une lettre à Prévenquière.

De la part de M. d'Estrigaud.

PRÉVENQUIÈRE.

Enfin! (Il ouvre.) « Messieurs, je vous adresse la décision
des amis que j'ai consultés... » (Il continue sa lecture à voix basse;
puis il tend la lettre à Champlion d'un air consterné.)

OCTAVIE, à demi-voix.

Qu'est-ce donc?

Pauvre garçon!... Venez. (Il sort avec elle. Catherine les suit jusqu'à la porte, et s'arrête en regardant Champlion.)

CHAMPLION, qui a lu la lettre des yeux.

Je ne puis croiser le fer avec un galant homme avant d'avoir
dégagé mon honneur?... Quelle infamie! (Il tombe sur un fauteuil,
la tête dans ses mains.

SCÈNE V.

CHAMPLION, CATHERINE.

CATHERINE, à part.

Calomniée moi-même, j'ai pu croire un instant à la calomnie?
(Haut.) Relevez la tête, monsieur. Tant pis pour ceux qui n'ont
pas senti dans vos paroles l'accent de la vérité! tant pis pour
ceux qui vous croient capable de jeter au ruisseau la rançon
de votre ami! Moi, dont on a voulu vous séparer en vous
déshonorant, je viens à vous et je vous dis : Voulez-vous que
je sois votre femme?...

CHAMPLION.

Ah! Dieu est quitte envers moi!... Conspué, abandonné de
tous, mais amnistié par vous, je puis mourir!   .

CATHERINE.

Mourir?

CHAMPLION.

Ne voyez-vous pas qu'ils m'ont tué, qu'ils m'ont enlevé jusqu'au droit de saisir cette main tutélaire ? Vous me graciez en vain... Ils m'ont marqué au front !

CATHERINE, lui prenant les mains.

Mon ami !

CHAMPLION, se dégageant.

Je serais indigne de votre charité, si je l'acceptais ! Laissez-moi emporter votre estime et la mienne. Adieu, mademoiselle.

SCÈNE VI.

CHAMPLION, ADHÉMAR, CATHERINE.

CATHERINE, à Adhémar.

Dites-lui donc qu'il ne peut pas repousser ma main !

ADHÉMAR.

S'il l'avait acceptée, je croirais qu'il ne vous aime pas. J'ai tout appris... Mais je te rapporte ton honneur, mon cousin. — J'ai couru, je t'en réponds !... Le bon ange de M. de Sainte-Agathe n'a pas pu me suivre... heureusement. — Je suis d'abord allé chez le journaliste, un très-gentil garçon dont la religion, si j'ose m'exprimer ainsi, avait été surprise par un certain Pontgrimaud, la plus mauvaise langue de notre

Cercle. — J'ai couru au Cercle : pas de Pontgrimaud ; mais j'ai trouvé les amis de M. d'Estrigaud... Je les ai consternés en leur démontrant ton innocence, preuves en main. — Ils vont t'écrire une lettre de réparation.

CHAMPLION, lui serrant la main.

Brave ami !... — Maintenant, monsieur le baron !...

CATHERINE, suppliante.

Monsieur Pierre !

ADHÉMAR, à Catherine.

Oh ! je ne crois pas qu'il vienne lui demander son reste. Voilà un homme coulé ! Je lui conseille cette fois de faire un plongeon définitif.

CHAMPLION.

Mais comment a-t-on découvert...?

ADHÉMAR.

L'auteur du cheval blanc s'est déclaré... avec pièces à l'appui ; lettres de Rosa, facture du marchand de chevaux, tout !... Cela sera demain dans le journal...

CATHERINE.

Qui est-ce?...

ADHÉMAR.

Un jeune homme charmant, plein d'esprit et de cœur... moi.

CATHERINE.

Cher Adhémar, que je vous aime ! (Elle l'embrasse.)

ADHÉMAR, à Champlion.

Tu peux l'épouser maintenant, je te la donne.

SAINTE-AGATHE, qui est entré depuis quelques instants, frappant
sur l'épaule d'Adhémar.

Je sais tout... Comment oserez-vous après cela vous présenter
devant votre noble père?

ADHÉMAR.

Je n'oserai pas. — Tu lèves une armée, cousin?

CHAMPLION.

Veux-tu être mon lieutenant?

ADHÉMAR.

Parbleu!

CATHERINE.

Et moi, ne voulez-vous pas m'emmener, monsieur Pierre?

CHAMPLION.

Si je le veux !...

ADHÉMAR.

Dieu du ciel, va-t-on s'amuser!

SAINTE-AGATHE, à part.

Ils ne sont pas encore partis!... Il me reste un dernier atout.

UN DOMESTIQUE, annonçant.

M. le baron d'Estrigaud!

SAINTE-AGATHE, à part.

Et le voilà... Nous reprenons l'épée.

CATHERINE.

Que vient-il chercher?

CHAMPLION.

Moi!

CATHERINE.

Je ne veux pas!

ADHÉMAR, à part.

Ah! mais... il nous ennuie! (Le baron paraît à la porte du fond.)

SCÈNE VII.

LES MÊMES, D'ESTRIGAUD.

D'ESTRIGAUD, à Champlion.

Votre honneur étant dégagé, je suppose, monsieur, que vous m'attendiez?

12

ADHÉMAR.

Permettez, monsieur! C'est à nous maintenant de consulter nos amis.

D'ESTRIGAUD.

On peut désormais m'insulter impunément. Je vais bien vous surprendre, messieurs, mais il faut que je m'accoutume à l'étonnement du monde. (A Champlion.) Monsieur, je viens vous demander publiquement pardon.

SAINTE-AGATHE, à part.

Pardon?

D'ESTRIGAUD.

A vous et à tous ceux que j'ai pu offenser.

SAINTE-AGATHE, à part.

Que signifie?...

ADHÉMAR.

Quoi! monsieur le baron?

D'ESTRIGAUD.

Assez d'erreurs et de scandales! Mes yeux se sont ouverts, je renonce au siècle.

ADHÉMAR, à part.

Voilà le plongeon!

SAINTE-AGATHE, au baron, à demi-voix

Traître!

D'ESTRIGAUD, avec un sourire d'intelligence.

A vous, monsieur, qui m'avez le premier fait entendre la
parole de vérité, à vous d'achever une œuvre si bien com-
mencée.

SAINTE-AGATHE, à part.

Le ciel me devait cette revanche.

D'ESTRIGAUD.

Voulez-vous me conduire à Uzès?

SAINTE-AGATHE.

J'y rentrerai bien fier d'une telle conquête. (Bas.) Merci,
général!

D'ESTRIGAUD, bas.

Oh!... dans dix ans.

CHAMPLION, à Adhémar.

Quand le diable devient vieux, il se fait...

ADHÉMAR, le doigt sur ses lèvres.

Ermite!

PARIS. — J. CLAYE, IMPRIMEUR, 7, RUE SAINT-BENOIT. — [1864]

9 782329 813554